心を育て、食べる力を育む

食教育実践 & 教材集

がんばれ！
きゅうしょくぼうや

堀井秀美 著

彩色：山口香里
協力：埼玉県志木市学校栄養士会

健学社

あの日の食器が飛び出して…

今日も のこってしまった…

給食の苦手な 女の子が いました

食べよう…. 食べなきゃ…. 思えば 思うほど 食べられなくなる

それでも ひとくちずつ…. ひとくちずつ….

ある日、少ない量だけど はじめて、食べきることが できた。

カラッポ

はじめて 食べきることができた 女の子が つかっていた 食器

～きゅうしょくぼうや誕生の巻～

なぜか
いつまでも
ひかりかがやいて
いた。

そして、ある日
その食器は、
ほかの食器の
中から
とびだして…

きゅうしょくぼうやに
なりました。

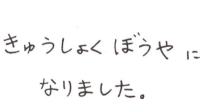

今から20年ほど前、ある女の子との出会いがありました。6年生のその子は極度の小食で、給食がほとんど食べられませんでした。ある日のこと、その子が少ない量でしたが『全部、食べた』と食器を返しに来てくれました。そのときは本当にうれしくて。あまりにうれしかったので、そのときのその子の食器を使って人形を作りました。それを『きゅうしょくぼうや』と名付けたのです。（つづく）

私だって…
～キライちゃん誕生の巻～

　ところがその日を境に、その子は以前にも増して食べられなくなってしまいました。私はとてもショックを受けました。「自分は何を喜んでいたのか。食器を空にすることだけに気をとられて、食べられないことの背景にある、その子の心に寄り添えていなかった…」。このことがあってから、この『きゅうしょくぼうや』を通し、食べることの楽しさや大切さなど、もっと広く正しい食のあり方を伝えてきました。

　次に赴任した学校では、こうした考え方さえ大きく覆される経験をしました。いわゆる"荒れ"の現場です。きゅうしょくぼうやが語る"食の正論"がここではまったく通用しないことにがく然としました。それでも子どもの心に近づき、かかわり合う中で、もう1つのキャラクター『キライちゃん』は誕生しました。「そんなことわかっている。でもいやだ、きらいだ」という子どもたちの声を代弁しています。でも本当は、このキライちゃんもきゅうしょくぼうやのようになりたいと思っている。だからこれは子どもたちと一緒に、『今よりも一歩ずつでもよい方向に歩いていこうよ』というキャラクターなのです。きゅうしょくぼうやとキライちゃん。方法こそ違いますが、共に子どもの心に寄り添いながら、『食』を大切にできる人をつくりたいと願っています。

がんばれ！ きゅうしょくぼうや ── もくじ

まえがきにかえて
- 2 あの日あの日の食器が飛び出して…
  ～きゅうしょくぼうや誕生の巻～
- 4 私だって… ～キライちゃん誕生の巻～

序章　食育に主体的に取り組むための共通理解とは　8
- 8 主体的に取り組むためには
- 9 「食育について」
- 10 「食育はなぜ必要か」
- 11 目指す「子ども像」と具体的な取組
- 12 「食」を関心をもち大切にできる子を目指して
- 13 味わいを豊かに表現できる子を目指して
- 15 日めくり「きゅうしょくカレンダー」を使って献立名を意識する
- 15 給食時間の統一ガイドライン
- 17 給食時間の新しい3つの取組
- 18 見取り図で説明時間を短縮
- 19 大切な「見守る」こと
- 19 ふり返り、次年度につなげる

第1章　育ちを信じる啐啄(そったく)食育　21

①きゅうしょくとなかよくなろう　対象：小学1年生（給食開始時）
- 22 1年生の4月は…，チームで取り組む
- 25 調理員さんの気持ちが高まる
  きゅうしょくと なかよくなろう
- 26 「きゅうしょくとなかよくなろう」（15分）
  指導の流れ
- 30 「ちがい」を受け入れて
- 31 食物アレルギーについて
  食事観を育む旅への誘い

②食のふるさとランチルーム
- 32 ランチルームと学校給食
  食育の目標を達成する取組の場
- 33 楽しさを演出する工夫
- 34 「すること」で身に付く工夫
- 36 子どもが自ら主体的に学ぶ工夫
- 38 自分の成長に気づく工夫
- 40 ランチルームの使用の実際
- 41 ランチルームの掃除
- 42 ランチルームは食のふるさと

③まほうのたべかた　対象：小学1年生
- 43 好ききらいは永遠のテーマ
  好ききらいの原因は何か
- 44 好ききらいはその子の食べることへの向き合い方
  耳を押さえて音を聞いてみよう
- 45 『まほうのたべかた』
- 46 紙芝居『まほうのたべかた』
- 52 「サンタクロース効果」をねらって
  資料の準備
- 53 指導案「まほうのたべかたで たべものとなかよし」
- 59 授業後の子どもの様子
- 60 上手くいかなかったこと
  ひと口をどのように食べるのかが大切

④おやつについて考えよう　対象：小学3年生
- 61 小学3年生でおやつをテーマに
  食の自己管理能力を養う
- 62 事前の準備① 指導案をもとに担任の先生と協議する
  ～有効だったTT指導～
  TT指導について思うこと
- 63 事前準備② アンケートをとる
- 64 事前準備③ アンケートを分析する
  アンケートについて
  事前準備④ 資料の準備をする
- 65 「学習の見通しカード」
- 66 6タイプの『おやつっち』と「おやつっちのすみか」
  『おやつっち』からのメッセージ
  指導案「おやつについて考えよう」
- 68 大切な導入部
- 71 『おやつっちしらべ』の方法の説明
- 75 担任の先生だからこそできる役割
- 76 『おやつっちカード』の提供 ～さらなる定着のために～

⑤おはしの学校　対象：小学2年生後半～3年生
- 77 「はしの指導」私の場合
- 78 理論の追究，なぜ、はしの指導が必要か
  なぜ、正しく持てない子がいるのか
- 80 オリジナル教材「はしだま君」と「スポンジ君」の誕生
- 81 なぜそれが「正しい」持ち方なのか
- 82 はしの歴史と和食、そして紙芝居
  紙芝居『おはしの学校』
- 86 はしの指導は何年生で行う？
- 87 指導案「おはしの学校－おはしを正しくもとう－」
- 93 「啐啄同時」とはしの指導
- 94 「左手箸」をどうするか
  「そうして『おはしの学校』の勉強はこれからも続いていくのでした……」

⑥ふじお君とビタミンC　対象：小学6年生（卒業前）
- 96 卒業生に贈る言葉
  学童期の食事の特徴
- 97 6年間の食育で、よい「食事観」は作られたのか
  資料『大切な「食べる」こと』
- 98 紙芝居『ふじお君とビタミンC』前半
- 101 紙芝居を一旦止めて，友だちの「食事観」にふれる
- 103 なりたくない大人・なりたい大人
- 105 食の学習ファイル
  私からのメッセージを伝える
- 106 資料『卒業生へのメッセージ』
- 107 紙芝居『ふじお君とビタミンC』後半
- 109 最後のランチルーム
  資料『3色のうた』

第2章　切り紙で作る調理の言葉　110

型紙製作：埼玉県志木市学校栄養士会
調理解説：成瀬宇平 著『食育フォーラム』連載
「調理の道理」より

- 112　①ゆでる（茹でる）
- 113　②蒸す
- 114　③湯がく
- 115　④だしをとる
- 117　⑤あえる（和える）
- 118　⑥焼く
- 119　⑦炒める
- 120　⑧炒る
- 121　⑨煮る・煮含める
- 122　⑩揚げる

第3章　みんなのわくわくたべもの広場　124

彩色：山口香里

- 卯月（四月）たけのこ（筍）
- 皐月（五月）アスパラガス
- 水無月（六月）きゅうり
- 文月（七月）オクラ
- 葉月（八月）ゴーヤー
- 長月（九月）かぼちゃ
- 神無月（十月）さつまいも
- 霜月（十一月）しいたけ
- 師走（十二月）はくさい
- 睦月（一月）ごぼう・『たべものとけんこうかるた』
- 如月（二月）にんじん
- 弥生（三月）たまねぎ

第4章　新感覚・ぬくもり食育資料集 がんばれ！きゅうしょくぼうや　124

- 4月
  - 心を育てる学校給食
  - 給食時計
  - もりつけ名人修行中
  - おふくろばなし『春の体とフキの巻』

- 5月
  - 春限定！
  - どうする気になる子どもの食
  - カツオのゆくえ
  - 母の言葉 北風と太陽（給食編）
  - おふくろばなし『若竹汁の巻』

- 6月
  - かみかみクロスワード
  - 歯の本数を見ればわかる よい歯をつくる食べもの
  - つるつるっは千年、かめかめは万年
  - おふくろばなし『初物 LOVE の巻』

- 7月
  - たなばた たんざくクイズ
  - 暑さにご用心！
  - ビタミンB1
  - 大きいおかず（主菜）と小さいおかず（副菜）のおはなし
  - おふくろばなし『夏は瓜の季節ですの巻』

- 8月
  - やさいを食べよう

- 9月
  - きん肉をつけるぞ！
  - 背の青い魚の話
  - おふくろばなし『ありがとう、お月様の巻』

- 10月
  - 主食（ごはん・パン）をしっかり食べよう
  - 食べる力をのばそう！「食べる力のめやす表」
  - おふくろばなし『十三夜は「豆名月」の巻』

- 11月
  - 毎日食べよう「まごは（わ）やさしい」
  - 何でも食べて丈夫な体をつくろう
  - 「いただきます」の意味
  - おふくろばなし『すばらしき「だし算」の巻』

- 12月
  - 年末年始の行事食を知ろう
  - 味わってたべよう
  - おふくろばなし『かくし包丁の巻』

- 1月
  - 1月24日は学校給食の日
  - おふくろばなし『七草がゆの巻』
  - 1月のおまけのまんが「正月料理」「七草がゆ」

- 2月
  - おはしの学校
    - ①『「はし」とよぶのはなぜ？』
    - ②『お正月のはし』
    - ③『はしの取り上げ方』
    - ④『「きらい箸」に気をつけて！』
    - ⑤『手先と脳』
  - おふくろばなし『干して長もちの巻』

- 3月
  - 1年間のきゅうしょくをふりかえって「たのしいきゅうしょく」
  - わすれないで…
  - おふくろばなし『和食を楽しむ「口中調味」の巻』

第5章　給食のまほう ～堀井秀美先生の食育～　167

取材・文：『食育フォーラム』編集長 吉田賢一

終章　あとがきにかえて　172

- 172　食育の種をまく
- 174　おすすめの本とブックトーク

序章
食育に主体的に取り組むための共通理解とは

序章

食育に主体的に取り組むための共通理解とは

主体的に取り組むためには

　新学習指導要領では、盛んに「主体的・対話的で深い学び」がうたわれています。子どもたちが主体的に学ぶには教育はどうあるべきかについての理論が書かれた本も多く目にするところです。今回、この本全体の序章をまとめるにあたって、非常に興味深い一節に出会いました。それをまず紹介したいと思います。

　子どもは―否、私たち大人も―目的が分からないと、さらに、目的が分かっても、全く興味関心が湧かなければ「主体的」にならない。仮に興味関心をもっても、方法が分からない、さらに、方法が分かってもできないとしたら、「主体的」に取り組まない。

佐藤愼二（2018）「主体的な学びを支える」,全国公立学校教頭会編,『学校運営』2018年9月号, pp.12-15

　ここでとくに興味深いところは、「私たち大人も」と記されていることです。この一節を食育にあてはめるとしたら、

①食育に取り組む大人(教職員)が、食育をする目的(理由や理念)を興味・関心を持って理解すること
②その目的を達成するために自分も取り組めるであろう方法がわかること

　この2つが達成されると、教職員が食育に主体的に取り組むことになり、それが子どもたちの「食」に対する主体的な姿につながっていくといえるのではないでしょうか。
　ここでは、2010（平成22）年～2017（平成29）年3月まで在職した、私の最後の勤務校である京都市立向島藤の木小学校で、年度当初に教職

● 年度初めの職員会議への提案文書「食育について」●

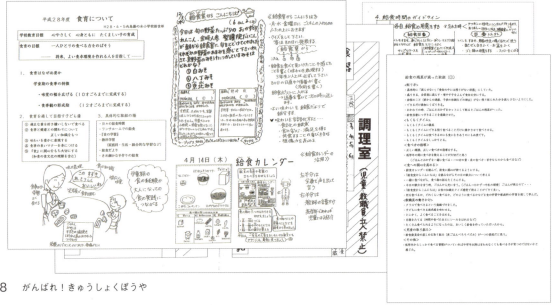

食育に主体的に取り組むための共通理解とは

員間で共通理解をしてきた『食育について』という提案文書を紹介したいと思います。これは、私が原案を考え、給食主任の先生とそれをたたき台に話し合い、できた提案文書を学校長に承認してもらいました。そして給食調理員さんに見てもらった後、給食部として職員会議で提案しました。

「食育について」

在職期間中、長い間、年度当初の提案文書の表題は「給食について」や「給食指導について」というものでした（表1）。しかし、「食育」が学校教育の中で欠かせない要素になってきた時代背景とともに、食育の目標を達成するための場は、給食だけ

● 表1 年度当初の給食についての共通理解提案内容の推移 （堀井在職校） ●

年度	原案考案者	事前相談・承認	職員会議提案者	内容　※＜　＞内は表題
1983年（昭和57年）〜1988年（昭和62年）	給食主任	給食調理員 栄養士 管理職（承認）	給食主任	＜給食について＞ ・給食のねらい ・給食の行事 ・給食のきまり全般 ・給食会計 ・残さずきれいに食べる
1989年（平成元年）〜1994年（平成7年）	給食主任 栄養士	給食調理員 管理職 企画委員会（承認）	給食主任 栄養士	＜給食指導について＞ ・給食のねらい ・給食の行事 ・給食のきまり全般 ・給食会計 ＜ランチルームの運営・栄養指導＞
1995年（平成8年）〜2001年（平成13年）	栄養士	給食主任 給食調理員 管理職（承認）	給食主任 栄養士 （補足説明）	＜給食指導について＞ ・給食のねらい ・給食の行事 ・給食のきまり全般 ・給食の運搬と返却の際の給食室見取り図
2002年（平成14年）〜2009年（平成21年）	栄養士	給食主任 給食調理員 管理職（承認）	給食主任 栄養士	＜給食指導について＞ ・給食のねらい ・給食指導を通して目指す子ども像 ・給食のきまり全般 ・給食の運搬と返却の際の給食室見取り図 ・ランチルームの運営 ・6ヵ年の食の指導計画（学級活動1H）
2010年（平成22年）〜2016年（平成28年）	栄養士	給食主任 給食調理員 管理職（承認）	給食主任 栄養士	＜食育について＞ ・食育の目標 ・なぜ食育は必要か ・食育を通して目指す子ども像 ・具体的な取り組みの場 ・給食時間の子どもたちへの語りかけ ・給食時間のガイドライン ・給食の運搬と返却の際の給食室見取り図 ・前年度の反省 ・給食のきまり全般 ・食の学習6ヵ年の指導計画 　（食物アレルギー対策については、 　　別途アレルギー対策委員会より提案）

にとどまらず、教科等の学習や教育活動全体の中にあることをふまえ、表題を「食育について」としたのです。

　学校教育目標を受けて、食育の目標を「一人ひとりの食べる力をのばそう」とし、「将来、良い食卓環境を作れる人を目指して」という副題を加えました（右図上）。

　当時の本校の課題の一つに、家庭の教育力が十分でないために、それが子どもたちの食の実態にも表れていることがありました。そこで目の前にいる子どもたちが大人になったときによい食卓環境を自分自身の力でつくりあげていけるように、食育を通して一人ひとりの食べる力をのばしていきたいと提案しました。この課題については、日々子どもたちと接している教職員の共通の願いでもあったため、この食育の目標は、全員が共通理解できたように思います。

「食育はなぜ必要か」

　私自身、自分の中では長い間、「食育は栄養士がするもの」という意識がありました。そのために、「だから自分が一生懸命やらねば」という思いで取組を進めてきました。しかし、1人の人間ができることは物理的にも内容的にも限界があります。食の指導を1時間行ったからといって、子どもたちの意識は、たとえそのときは変わることはあっても、継続的な行動として定着はしにくいのが現実です。食育だけでなく、どんなことでもそうですが、やはり日々の積み重ねが大事で、しかもそこに多くの人に関わってもらって、取組を継続していくことこそが最も大切だということに気づかされました。

　提案文書で「食育はなぜ必要か」という項目を一番に挙げたのは、栄養士なら当然と思うことであっても、「もし自分が担任の立場だったら…」という視点で見たとき、教科ではない、教科書もない食育をただ国や上から「やれ」と言われているからやるんだという気持ちでは主体的に取り組めないのではと思ったからです。

● 提案文書「食育について」1ページ目 ●

食育に主体的に取り組むための共通理解とは

どうしたら、担任の先生方が「う〜ん、やっぱり食育は大事やな。毎日の給食も大事にしていこう」という気持ちになれるのか。そして出した結論は、小学校の6年間で食育をすることが必要な理由を伝えることでした。

一生の中で食の果たすべき役割がそれぞれの年代であり、小学校の6年間（学童期）の食事の特徴は味覚の幅を広げる、平たく言えばいろいろな食べ物を食べて味を覚えて広げる時期であることと、そして教科横断的な視点から見ても、教育課程の中には食について学ぶ機会が多くあり、それを通して子どもたちの心の中に食べることについての基本的な考えや態度、つまり食事観が形成される時期にあたる（＊第一章「育ちを信じる咀嚼食育」の「巣立ちゆく君たちへ」の章で詳しく説明します）。だからこそ学校で食育をすることが必要なんだと提案しました。

冒頭にあげた佐藤慎二先生の「『主体的な学び』を支える」の一節にあったように、何のために、今、食育をするのかという理由や理念を教職員全体で共通理解することは、学校での食育に主体的に取り組もうという気持ちにつながるとともに、子どもたちが将来、よい食卓環境をつくれる人につながっていくことも理解されたように思います。

目指す「子ども像」と具体的な取組

次に食育の目標である「一人ひとりの食べる力をのばそう」が達成されると、子どもたちはどんなふうな姿になるのか、また「食べる力がのびる」とはどのようなことなのか、さらに副題にした「将来、よい食卓環境を作れる人」になるためにはどんなことができていればよいのか。それを示したのが、提案文書1ページ目の下段「2. 食育を通して目指す子ども像」です（左ページ図下）。

提案するときには、一つひとつの項目の前に「食べる力がのびることは」という言葉を加え、そして項目の後には「〜で、将来よい食卓環境が作れる大人につながる」という言葉をつけて読みました。①を例にすると、「食べる力がのびることは『適正な量をすききらいしないで食べること』で、将来良い食卓環境が作れる大人につながる」となります。

そして、目指す子ども像を育てていく場を「3. 具体的な取り組みの場」としてまとめました。まず一番に「日々の給食時間」をあげました。次に「ランチルームでの給食」、栄養士が行う「食の学習」、「教科学習」と続きます。

『給食だより』についても配って終わりではなく、読み合わせをしたりすることで活用してほしいと伝えました。そして最後に"場"ということからは離れますが、「きめ細やかな手作りの給食」をあげました。私は日々の給食がより美味しくきめ細やかに作られていることが、ある意味、一番子どもの食べる力をのばす基本であると考えています。食育は献立を立て、給食が作られるところから始まると思うのです。それが、「きめ細やかな手作りの給食」を具体的な取組の場としてあげる理由です。

職員会議に提案する前に、給食調理員さんたちに「給食そのものがきめ細かく、手作りでおいしく作られていることが、うちの学校が食育で目指す子ども像に近づくための条件なんや」と伝えると、「そうか、頑張って作るわ」とか「私、大事な仕事をしてるんやな」といった声が出て、教職員全体で食育に取り組むことにもつながりました。

提案文書では、具体的にイメージとして捉えやすくなるようにイラストも入れました。「将来、よい食卓環境を作れる人を目指して」という副題にある、よい食卓環境を作っている将来の大人、つまり今の子どもたちが「こんなふうな大人になってほしい」という姿をイラストの中のお母さん像に託して表しました。さらに「毎日の給食時間でもこんなふうに給食を囲んで先生と子どもたちが体験を重ねたり、食に関する指導（教科や「食の学習」など）の積み重ねたりしていくことこそが、子どもたちが大人になったときの食の実践につながる。そのことをぜひ頭において教職員が取り組んでほしい」と訴えました。

以上が、教職員が食育をする目的（理由や理

念）について興味・関心をもって共通理解できるようにと考えた部分です。

「食」を関心をもち大切にできる子を目指して

続いて目指す子ども像の、⑤「『食』に関心をもち大切にできる」子を目指す取組の例として「給食室からこんにちは」の活用を提案しました。

現在、多くの栄養士の先生方が、給食についての話題提供をし、子どもたちがその日の献立のねらいや願いについて、より意識して食べることができるよう、給食室からのおたよりを発行したり、校内放送のための文案を起こしたりされていると思います。

『月刊 食育フォーラム』（健学社）でも、東京都調布市立上ノ原小学校の『話食のすすめ』という取組を知り、大変興味深く読みました。「教師が話す・子ども同士が話す・おうちの人と話す」をコンセプトに、毎日の給食時間の中で、その日の給食について教員による「食トーク」を行い、子どもたちが自らの言葉で語り出す力を引き出そうという内容でした。取組を通して子どもたちが食に関心をもち、大切にできる姿に育てていこうとする校長先生以下、教職員の方々の熱い思いを感じました。

私自身も『給食室からこんにちは』というタイトルで、給食についての話や給食にまつわるクイズをその日の給食とともに届ける取組を1998（平成10）年からしてきました。午前中、給食室で調理を見ている中で「今日はこれを子どもたちに伝えたい！」と思ったことやその日の献立への思い、料理や食材の名前の由来など食べ物の話題を取り上げてきました。

またクイズを出すときは三択問題にし、誰もが参加できるようにしました。食についてのクイズなので、担任の先生も答えがわからなかったりします。学年に

提案文書「食育について」2ページ目

食育に主体的に取り組むための共通理解とは

関係なく誰もが興味をもって参加でき、次の日の正解の発表を待つ声がとても多かったものです。取組を続けていくにしたがって、給食時間のクイズを楽しみにする子どもの姿が見られました。その日の給食についての語りかけやクイズの内容だったので改めて給食を意識することになるし、さらに「ビックリ水」といった料理の言葉や、「ささがき」「落しぶた」など調理技法の知識もクイズにしました。保護者の方から「おかあさん、魚を煮るとき、"落しぶた"しいやって、子どもに言われて、よくそんなこと知ってたなぁとびっくりしました」という話を聞いたこともありました。クイズで得た知識が生活の中で根付いたことが実感できてうれしかったです。

おたよりでは給食の感想を書くスペースを作り、日直さんや希望者が感想を書き、給食室のポストに投函し、翌日に返事を受け取るようにもしました。

味わいを豊かに表現できる子を目指して

2010年に向島藤の木小学校に異動したととき、初めは信じられないような残菜の量がありました。さらに給食の感想の欄に「まあまあ」とひと言書かれて返ってきたり、鉛筆でぐるぐるといたずら書きの線が描かれていたこともありました。

そこで残菜を減らすことと、味わいを豊かに表現できる子どもにしたいと私の中で目標を立てました。『給食室からこんにちは』の書式を新しく作り直し、通信欄を囲うように子どもたちに感想でぜひ使ってほしい味わいの言葉を吹き出しにして入れました。こうすることで、担任の先生も「吹き出しの言葉を使って感想を書いてみたら」と、子どもたちに声がけしやすくなると考えたからです。

生徒指導が大変なときなど特にですが、初めての取組をするのにはエネルギーが要ります。この

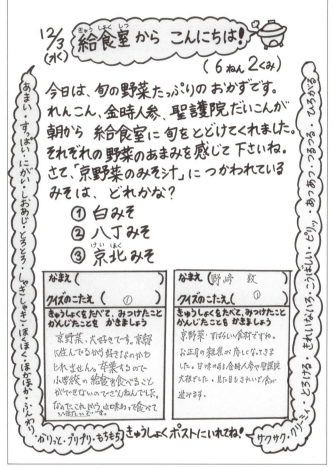

毎日発行する『給食室からこんにちは』。通信欄には児童、ときには担任（右）から感想がよせられることもあった。

取組についても、担任の先生の中には「何でこんなことしないとあかんの」という思いも当然あるだろうと考えました。「味わいを言葉で表すことは、子どもたちの日本語の語彙を豊かにし、ひいては食文化の継承にもつながる」「食を豊かに認識できることで、子どもたちが安心感や満足感を得られる」「会話や言語表現を通して共に食べることの喜びを知る」、そして「想像力を高めることにつながる」のでこの取組を進めてほしいと提案しました。つまり、それをする目的をはっきり示したのです。また通信欄に書かれた、味わいについてのよい表現を給食だよりの裏面に学年・組とイニシャルの匿名で紹介することも提案しました。

『給食室からこんにちは』の取組は、「給食につ

●「給食だより」の裏面で紹介した子どもたちの味わいの感想●

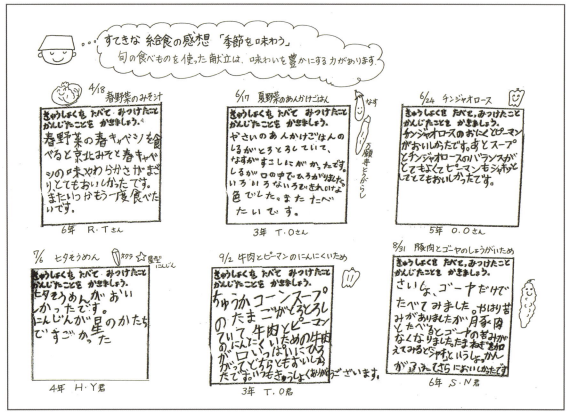

いて語って」と言われても、「何をどんなふうに語っていいのかわからない」と言われる先生でも、それを読むことで給食について語ることができる、取り組みのしやすさがありました。また三択問題にしたクイズは、答えのどれかを選んで手をあげることで誰もが参加できるため、どの子も食に関心を持てる利点があったと思います。

取組を進めていくに従い、少しずつ子どもたちの味わいの言葉が増えていくのが誰の目にもよくわかりました。また担任の先生自身が味わいの感想を書いてくださることもありました。先生の味わいを目にすることで、「自分も先生のように素敵な言葉を使って味わいたい」という思いが子どもたちの間に生まれているのが、子どもたちの感想を見ることでわかりました。またそれもおたよりに載せて…。これをくり返すうちにかつてのような、「まあまあ」とか「まずい」といった単純な感想が子どもたちから返ってくることはなくなっていきました。そしてたくさんあった残菜の量も少しずつ、少しずつ減っていきました。つまり、味わいの表現に注目した取組は、結果的に適正な量を好き嫌いなく食べるという目指す子ども像にも近づくことにもつながっていったのです。

ただ、思わぬ問題も起きました。京都市では2001（平成13）年に栄養士の複数校兼務の推進が発令されました。私自身も2校兼務から、2011（平成23）年には3校の兼務となり、週2日は他校に出向いて行かなければなりませんでした。

かつて毎日出せていた『給食室からこんにちは』も、月・水・金曜日にしか出せなくなりました。また午前中に授業が入って、給食が作られる様子を十分伝えきれない日があったり、ほかにも大変なこともいろいろありましたが、粘り強く続けることにこだわってきました。それでもこうした努力に見合うだけの、とても実りの多い取組だったと思います。

日めくり「きゅうしょくカレンダー」を使って献立名を意識する

京都市内の小学校は、2019（令和元）年時点でも1校1名の栄養士が配置されていません。どの学校においても子どもたちが給食を通して食に興味関心が持てるようにと、京都市学校給食研究会栄養教諭・栄養職員部の資料作成グループで、日めくりの『きゅうしょくカレンダー』を作成し、全市小学校に配布していました（京都市は全市統一献立です）。

各学校でクラス数分を増し刷りし、子どもたちが教室でその日の献立のことや、「明日は何かな？」と見ることができました。「若竹汁」や「豆腐の吉野汁」という、きちんとした名前があっても汁ものは全部「みそ汁」と言ったり、ハッシュドビーフやビーフシチューなども全部「カレー」と言ってしまったりする子どもたちの実態がありました。それを見て、献立の名前を自分で声に出して言うことがその日の給食に関心を持つ入口ではないかと感じました。過去には担任の先生が「いただきます」とだけ言って食べ始めてしまうクラスもあったので、『きゅうしょくカレンダー』を使って、「いただきます」の挨拶の前に全員で献立名を復唱することを提案しました。

始めた当初は、とくに高学年から反発がありました。「じゃまくさい」「早く食べさせて（その割には残菜が多い）」「それ意味あるの？」と言ってくる子どもたちを粘り強く担任の先生が指導してくれました。初年度は1年生、2年生で徹底してもらいました。低学年で当たり前になっていると、学年が上ってからも継続されます。そして2年、3年と年を重ねていくにつれ、高学年でも全員が復唱する姿が見られるようになってきます。給食の感想にも「今日の若竹汁のたけのこがコリコリしていた」というように献立名がきちんと入るようになりました。

給食時間の統一ガイドライン

給食時間をどのように過ごすかについては、担任の自由裁量に任せているという学校が現在でも多いのではないでしょうか。よくて学年で話し合ってある程度統一したり、また新採の先生については学年主任の先生が教えることはあっても、ほとんどは担任の先生の個性が出る独壇場…。それが給食指導の実態であったように思います。

そのため、学年が進んで担任の先生が変わる

● 京都市全市で使う「きゅうしょくカレンダー」●

日めくりの『きゅうしょくカレンダー』。左半分の献立名はクラス全員で声を出して読む。右半分の内容は教師（高学年は児童）から紹介するようにした。

と、残菜の量が増えたり減ったりということが多く見られました。前年度までは「食べることが大好き。食べることは大切」といった姿を見せていた子どもたちが、担任の先生が変わっただけで「好きなものだけ食べたい」「苦手なものは食べなくてもいい」といったふうに変わっていく姿を見て、「子どもたちはなんと大人の影響を受けやすいんだ」と痛感したものです。

向島藤の木小学校に来て、食育の目標を「一人ひとりの食べる力をのばそう」と設定したとき、やはり一番大きな取組の場は日々の給食時間になるとすぐに直感しました。毎日の積み重ねこそが大切なのです。給食時間の食環境を整えていくために、担任の先生の自由裁量に任せるのではなく、準備から後片付けまでのおおよその時間と具体的な指導の流れを示す、給食時間のガイドラインを作って実践しようと提案しました。

こうしたガイドライン作りに役に立ったのは、新採の頃からいろんな担任の先生方の給食指導を見せてもらってきた経験でした。「これはいいな」と思った指導は、その先生に意図や工夫をさらに聞いて記録しました。それを積み重ねていったことで、給食指導で困っている先生には「こんな方法もあります」とアドバイスできるようになったのです。皮肉なことですが、かつて自由裁量だったからこそ学べたことが多くありました。人間、どんなときも視点さえ変えれば学べることは多いものです。

全学年統一のガイドラインを作ることについては、先生方も内心、「そんなんやってられん」「できるかな」といった反発や不安もあったろうと思います。逆に「じつは、どうしていいかわからなかった」という先生からは「助かる。わかりやすい！」といった声も聞かれました。

給食時間の新しい3つの取組

ガイドラインを作っての、1つ目の新しい取組はレンタルナフキンの導入でした。向島藤ノ木小学校では、給食の配膳を個人用のトレーではなく家から持ってきたナフキンを机の上に広げ、そこに置くようにしていました。しかし、高学年になると「ナフキンを忘れる（持ってこない）」「敷くのを面倒がる」といった姿が見られ、余ったプリントの裏をナフキン代わりに

● 給食時間のガイドライン ●

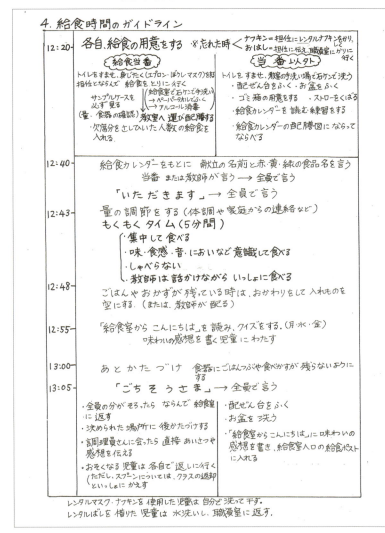

食育に主体的に取り組むための共通理解とは

敷かせて食べさせているクラスもありました。そこで、学校全体でとにかく給食はナフキンを敷いて食べることを徹底したいと思いました。レンタルナフキンを導入して給食部から各クラスに配布し、ナフキンを忘れた子どもたちはそれを借りて敷きます。ナイロン製なので、使った後は自分で手洗場で水洗いし、教室の窓の手すりに掛けて干し、乾いたら返却してもらうようにしました。給食時間になったら机の上にナフキンを敷くという1つの習慣が子どもたちの間に定着し、それが将来において食卓をきちんと整えることにもつながっていけばという願いをもって提案しました。

2つ目の新しい取組は先ほども書きましたが、毎日の『きゅうしょくカレンダー』を使って、食べる前に献立名の復唱を全員ですることです。

3つ目の新しい取組は「もくもくタイム」でした。これは「いただきます」の後の最初の5分間をしゃべらずに集中して味・食感・においなど意識して、"味わう"時間にするものです。

味わいを豊かに表現したり感じたりするためにはやはり集中して給食に向き合い味わう行為が必要で、それを子どもたち全員に取り組ませたいと提案しました。それまではよく、給食時間終了の5分前ごろになると先生から、「はい！今からおしゃべりなし。集中タイム！」と声がかかり、まだ食べきっていない子どもたちを促す光景を目にしてきました。

そもそも『もくもくタイム』を私が考えたのは、給食室での味見や検食で食べた給食のおいしさに自分自身が感動していたことがきっかけです。「ああ、この味を子どもたちにも味わわせたい！」といつも思っていました。それは給食調理員さんも同じで、「できるだけできたての味で味わってもらいたい」と、喫食時間から逆算して給食作りをしていました。だからこそ、この『もくもくタイム』は給食時間の終わりでも中間でもなく、冒頭にしたのです。時間も5分間にすることにこだわりました。それより短いと十分に味わえないし、それより長くなってしまうと、「食べる力をのばすこと」という目標につながる、仲間と和やかに話しながら楽しく食べる、給食の大切な「会食」という要素を損なってしまうと考えたからです。

● もくもくタイムについて ●

「もくもくタイム」の定着に向けて作った『給食だより』

ただじつを言うと、この5分間の「もくもくタイム」については、当初はなかなか理解を得られにくい実態もありました。もちろん担任にとっては、子どもたちが黙って食べてくれたほうが楽だと思われる方もいましたし、そこまでではなくても「もくもくタイム」という取組の目的を「味わう」ことより、「残菜を減らす」ことに置いてしまいがちになります。もっとも、自分が担任であったら、その視点に立つことも無理はないと感じる児童の実態や生徒指導の困難さもありました。

ガイドラインを決めてよかったことは、学年が変わったり担任が変わったりしても子どもたちの食べる姿は継続して変わらないことです。どのクラスでも、どの学年でも統一された給食時間の過ごし方をすることは、一人ひとりの食べる力をのばすことに役立ったと感じています。

見取り図で説明時間を短縮

給食の決まりごとの中には、運搬や返却の仕方があります。通常、年度当初はその説明で多くの時間を割いていましたが、提案の時間が限られている中、前半部分の食事の大切さの説明に時間をとりたいので、下図のように見取り図に動線の説明を書いて教室掲示もできるようにしました。

● 運搬と返却の見取り図 ●

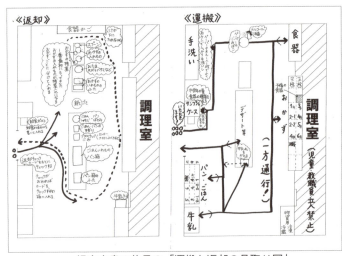

提案文書2枚目の「運搬と返却の見取り図」

大切な「見守る」こと

4月、給食が始まる前までに教職員全体で共通理解をすることは、学校全体で進めていこうとするときにとても大事です。しかし同時に、私は提案した後、どうなっているかと見守っていくことも同じく大切だと感じています。自分一人が行う取組であれば、自分なりに反省して自分で進めていけばいいですが、これは担任の先生方が進める取組です。ここでの「見守り」とは、きちんとやっているかチェックすることではなく、担任の先生方がスムーズに取組を進められているかを見て、必要な場合、手立てを打つということです。

まず年度初めの全校朝会で、私が「今年からこんなふうな給食時間の取組を全校でやって行くことにしました」と伝え、なぜそれをするのかを子どもたちに直接説明しました。そうすることでクラスに帰ったとき、担任の先生方が伝えやすくなると考えました。同時に『給食だより』も作り、それを見ながら担任の先生が子どもたちに説明できるようにしました。これは取組を進めやすくする手だてであると同時に、実際に給食時間を過ごす子どもたちに、なぜそれをしようとするのか、考えた人間から直接きちんと説明すべきだと考えたからです。そうすることで、「これは自分のクラスだけでなく、全校で取り組んでいくことなんだ」と意識させ、「みんなでよくなっていこう」と、子どもたちの心に働きかけたいと思いました。

続く「育ちの信じる啐啄食育」の章で詳しく述べますが、私は4月中は新1年生と一緒に給食を食べ、1年生が「ガイドライン」の給食時間の過ごし方ができるよう、担任の先生と一緒に協力して進めていました。そして5月からは2年生以上の教室も訪問し、一緒に過ごす中でどの部分が実施しにくいのか自分の目で見るようにしました。

子どもたちは正直です。「じゃあ、『もくもくタイム』5分間しようね」と声をかけると、「堀井先生、いつもは『もくもくタイム』やっ

食育に主体的に取り組むための共通理解とは

てないんやで」とこっそり教えてくれる子がいました。1つ提案したからといって、定着するとは限らない。その難しさも十分承知していました。でも、そんなときでも「やっていないんですか」と担任を責めるのではなく、取り組めない理由をたずね、すでに『もくもくタイム』ができているクラスの子どもたちの声や感想を入れた『給食だより』を作って、取組のよさを知らせる手立てをうちました（左ページ「給食だより」参照）。もちろん定着するまでには時間がかかります。でも、大切なのは子どもたちや先生をよく見て、粘り強く押したり引いたりしながらも取り組み続けることではないでしょうか。

5月からの教室訪問をひと通り済ませた後は、ランチルーム活動でも同じように給食時間をガイドラインに沿って、複数教員で過ごしていくことで、この『給食時間のガイドライン』は少しずつ校内に定着していったように感じます。大切なのは、「やらせる側」「やる側」といったスタンスをとるのではなく、「一緒にやっていく」というチーム意識と、「私がもし担任だったら、こうしてもらえると助かる」といった想像力でしょう。その2つをいつも頭においてサポートしていきました。

ふり返り、次年度につなげる

年度終わりの3月には、年度当初に提案したことはどうだったか、1年間をふり返るためにアンケートをとりました。担任の先生だけでなく、他の教職員にも「子どもたちを見ていて気がついたこと」など書ける部分に記入してもらいました。アンケート後は、内容を全部書き写したものを配ります。そして給食部でその結果を見た考察もまとめました。そして次年度、4月の最初の職員会議での提案のときに新しく来られた先生も含めて再度前年度のアンケートと考察プリントを配りました。ある年には、とくにクラスで残菜が減った取組をまとめたものを別紙にまとめて配りました。

1年間、目標を立てて取り組んだ結果や内容は次年度への財産になります。またそうすることで、

● 年度末の教職員へのアンケートとフィードバック ●

年度末に1年間の給食指導をふり返るアンケートを実施します。

新しい年度をスタートさせるとき前年度から残っている方も新しく異動してきた方も同じ意識と共通理解を持って取り組めます。

さらに何より、こうした取組が校内で継続されていくことで、子どもたちの間に給食時間の過ごし方がその学校のスタンダードとして定着し、献立名の復唱や「もくもくタイム」についても、新しく来られた先生に子どもたちの方から「先生、こうするんやで」と教えている場面に出会うことがよくありました。

年度末のふりかえりアンケートのフリートークに、担任の先生方からうれしい意見がいくつかよせられました。その1つを紹介し、「食育に主体的にとりくむための共通理解」についてのまとめにしたいと思います。

> 少し言っただけではできなくても、給食は毎日のことなので、言い続けることで少しずつ子どもの姿が変わっていきました。子どもの意識も高くなりました（担任自身もです！）。大事なことをわかっていても、これまで食育の指導の仕方はまったくわかりませんでした。しかしいろいろな取組を通して、私自身が勉強させてもらったように思います。ありがとうございました。

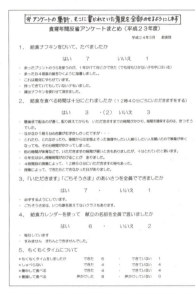

アンケート結果の報告。書かれた意見はすべて掲載し（上列左）、次年度当初に資料としても配付（同右・下列左）。アンケートの考察例（下列右）。年度は異なる。

第1章
育ちを信じる啐啄(そったく)食育

「啐啄同時(そったくどうじ)」

「食育の実践資料紹介のタイトルは『啐啄食育』でどうですか…」。啐啄、そったく、この日常生活で出会うことのない漢字や言葉に初めて出会った場面が、今でも鮮やかに思い出されます。

15年前、職員室での何気ない会話の中で、当時の校長先生が、「教育とは啐啄同時であるべきなんだ」と話されました。その言葉に続けて、「啐(そつ)」とは雛鳥が卵の内側から殻をつつくこと、「啄(たく)」とは親鳥が外側から卵の殻をつつくこと、つまり「啐啄同時」というのは、「学びたい子どもと教えるべき教師の学びのタイミングが合うことで教育は実を結んでいく…」という説明がありました。ふり返ってみて、自分が行ってきた食育が果たして啐啄同時であったかどうかは極めて自信はありませんが、あのとき校長先生が私たちに伝えたかったことは、タイミングを逃さないために、子どもたちを日々よく観察しなさいということでなかったかと、今になって思います。

私が在職した京都市立小学校は単独校方式で給食を行っていて、栄養士は各学校に勤務し、子どもたちと過ごす中で食にまつわることから生活のこと、放課後の様子などを自分自身で知る機会に恵まれていました。その中で生まれてきた食育の指導をこれから紹介したいと思います。指導内容も指導案も、目の前の子どもたちに合わせて何度も上書きしてきました。

授業の中での様子、ふり返りに書かれた子どもたち自身の学び、そして指導後の子どもたちの生活の変化…。それらを観察し、次の指導に生かすことが「啐啄同時」につながっていくのだと信じています。

育ちを信じる咀嚼食育①

きゅうしょくとなかよくなろう

対象：小学1年生（給食開始時）

1年生の4月は…

「1年生の4月は、毎日時間通りに学校に来て、給食をちゃ～んと食べて帰ったら、もう花マルやな」。在職中、こんな言葉を年配の先生から聞いたことがありました。当時は「そんな大げさな～」と笑い話と受け取っていましたが、その先生の言う真意は、4月はまず学校という環境に1年生が慣れることを最優先にすべきということだったのかなと思います。

そうです。1年生にとって4月は「オリエンテーション」の時期ではないでしょうか。オリエンテーションは日本語では一般に「説明会」ということになりますが、もとの英語では「順応・適応」「方向付け」も意味します。

お道具箱の入れ方、いすの座り方、ノートや筆箱の置く位置など細かいところまで、学習や生活の方向付けが行われ「学校とはこういうところ」という意識が芽生えてくるのだと思います。

では、給食ではどうでしょう？

私は、給食はお昼ご飯ではなく「勉強」であるということを給食開始から4月の給食時間を使ってオリエンテーションしていきたいと考えていました。勉強だからこそ準備から後片付けに至るまでルールがあること。献立の名前を復唱したり、その日の献立や食材について知ったり、食べ方を教えてもらったりもすること。苦手な食べ物も少しずつ食べて慣れていくことが健康や喜びにつながっていくことを学ぶこと。そしてその勉強は「あ～、おいしかった」「たのしかった」「がんばった」というように、おなか（体）にも心にも満足を伴うものだということを、この最初の時期に子どもたちが腹の底から感じることが、その先の6年間の中で給食や食の指導を通し、子どもたちの「食事観」を形成していくうえで大切なことだと思います。そのことを踏まえて給食初日に『きゅうしょくと なかよくなろう』という15分の指導を考え、実施していました。今回はそれを紹介したいと思います。

給食の初日、在籍校では3校時から給食について学級指導がありました。2年生以上は12時20分から給食時間ですが、1年生は少し早く、4校時の途中、12時には給食当番がエプロンを着て給食室に給食を取りに行くというタイムスケジュールになっていました。

チームで取り組む

若年の頃、1年の担任の先生に「給食最初の日、教室に食べているところ見に行ってもいいですか？」と聞くと、「来て来て！見に来るだけじゃなく一緒に食べて」と大歓迎されました。1年生の担任経験が多い先生でも、初日は「さあ、今年の1年生はどうやろ。ドキドキするわ～」と職員室で話されています。ましてそれが初めての担任だったら、もし自分だったら「もうどうしよう…」とかなり不安になることでしょう。実際、在職中も、経験年数の少ない、若い先生が赴任されてすぐ1年生の担任を受け持たれることも少なくありませんでした。

子どもたちの給食を1年生の担任の先生方と、一緒に見ていく中で、いろいろな先生の指導スタイルを間近で見ることができました。「これはいいな」と思った指導は、その場でメモしたり、後

で詳しくそうした指導をされた理由や意図を聞いて勉強させてもらいました。こうして自分自身の中で「1年生の給食ではこうしたらよいのではないか」という考えが次第にまとまっていきました。

その中で最も大切だと思ったのは「チームで取り組む」ということです。まず3月終わりか、4月が始まってすぐ、校長先生に「1年生の4月の給食をチームでやりたいので給食に関わってもらえる先生たちと事前に打ち合わせをしたい」と申し出るようにしていました。なぜ校長先生かというと、1年生の4月の給食は、その後の6年間を決める大事な時期であることを、まず校長先生ご自身に知っていただきたいからです。だからこそ学校全体で組織的に取り組むことが大切だとわかっていただきたかったからです。

校長先生の理解が得られると、次の段階として職員会議のときに校長先生の口から「4月の1年生の給食指導は担任と堀井先生、○○先生、○○先生に入ってもらいます」と言っていただけたり、教務主任の先生に引き継いでいただき、1年生の給食について打ち合わせをする時間を設定してもらえたりします。さらにこうしてチームとして新1年生の給食の準備を進めていることが学校全体の共通理解となると、他学年の担任の先生たちにも「4月の給食は1年生のところで大変なんだな。応援に行っている先生も多いから、自分たちで対応できることはなるべく自分たちでしていこう」という雰囲気や協力体制ができあがっていきました。さらに指導の打ち合わせをするときには、下のようなレジュメを私の方で用意しました。これをもとに1年生の給食チームで話し合い、「ここをこうしたらどうか」など意見を出し合いながら共通理解を図っていきます。

レジュメを用意するのは、1年生の担任は入学式の前後ですることが山積みだからです。さらに補助メンバーが急に変わっても、レジュメがあれば引き継ぎがスムーズに行えます。そして単級でも複数クラスでも、子どもたちへの対応の足並みを揃えることができます。もし指導で困難や問題が生じても、決して担任の先生だけのせいにせず、原因を見つけ、解決策を一緒に考えることもできます。これがチームで取り組むことの良さだと思います。

4月○○日　1年生給食準備指導 3・4校時の流れ

1年1組・2組

今日の目標

● どの子も「給食って楽しいな」「食べられた！」という思いをもって帰ることができる。

指導の流れ	
・各クラスの児童を ❶給食当番チーム（10人）❷教室準備チーム（10人）❸給食待機チーム（10人）の3グループに分けておく。それぞれのチームに指導教員がつく（学級担任のほか各クラス2名以上）。	
①「きゅうしょくとなかよくなろう」（教室・15分）	・栄養教諭が行う。 ※2組は②「手の洗い方」を先にし、トイレ休憩の時間で交替する。
トイレ休憩（〜10分）	※ある程度、時間をみておく。
②手の洗い方（教室・15分）	・学級担任が行う。 ※2組は①「きゅうしょくとなかよくなろう」

③給食ナフキンをしく。 　はしを出す。（教室）	・給食ぶくろから給食ナフキンとはし箱を出す。はしははし箱から出して、給食ぶくろに入れ、机の横のフックにかけさせる（※はし箱は落とすと割れやすいため）。児童各自にさせる。
④エプロンの着方、脱ぎ方、 　たたみ方（教室）	「❶給食当番チーム」の児童を前に呼んで行う。他の児童はそれを見る。 ・エプロン袋を教室前方のフックから自分の席に持ってくる。 ・いすの上にエプロン袋を置く（床に置かない）。 ・【着方】エプロン、帽子、マスクを出し、エプロン→帽子→マスクの順に身につける。 ・【脱ぎ方】帽子をエプロンのポケットに入れる。マスクもポケットに入れる。エプロンを脱ぐ。 ・【たたみ方】たたみ方を教える（床に置かない）。 ・エプロン袋に入れて教室前方のフックにかける
トイレ休憩	※12時に❶給食チームが給食室に行けるようにする。
⑤全体で給食準備をする 　（教室）	❶給食当番チームには学級担任がつく。 ・エプロンに着替えて、給食室へ。給食室前で手洗いをさせる。 ※勤務校では給食当番の児童に給食室前で手洗いをさせていました。 ❷給食準備チームにはT2がつく。 ・手洗い後、配膳台ふき、ストロー配り、配膳盆ふき、ごみ箱用意、「給食カレンダー（配膳表・給食メモ）」準備、手洗い。 ❸給食待機チームにはT3がつく。 ・❷給食準備チームの手洗いが終わるのを待ってから手洗い→いすに座って静かに待つ→『給食カレンダー』を見て正しい並べ方を覚える。
⑥給食当番が給食を配る。 　（教室）	※勤務校ではおかずが盛り付けられた食器や牛乳を給食当番が各自の席まで持って配る方式をとっていました。 ・パン（2名）…1人が皿にセット。もう1人が2皿ずつ持って配る。 ・牛乳（2名）…両手に1個ずつ持って配る。 ・スパゲッティ（2名）…深皿には教員が盛り付け（少なめに）、配膳盆の上に4皿ずつ置く。給食当番の児童はペアになり、1人が配膳盆を持ち、もう1人はそこからスパゲッティを持った皿を各机に配る。 ・ほうれん草のソテー（2名）…椀には教員が盛り付け（少なめに）。給食当番は両手に2個づつ持って配る。 ・ゼリー（1名以上）…両手に1個ずつ持って配る。
⑦着席する。（教室）	・❶給食当番チームはエプロンを脱いで座る。 ・おかずは少なめに配っているが、もっと減らしてほしい児童は手をあげさせ、教員が減らす。
⑧『給食カレンダー』を 　もとに配膳と献立名を 　確認する。（教室）	・配膳の位置を確認させ、献立名を担任が読み上げて、児童に復唱させる。

育ちを信じる啐啄食育

調理員さんの気持ちが高まる

　また学校全体で取り組むことは、何より給食調理員さんたちのモチベーションを高めてくれます。「今、学校でこんなふうに決まって、先生方とも打ち合わせをして、1年生の最初の給食の日にこんな話をしようと思ってるんねんけど、聞いてくれへん？」と言って、休憩室でこのレジュメを見て調理員さんたちにも相談にのってもらい、『きゅうしょくと　なかよくなろう』の指導の流れを説明しました。調理員さんたちは、指導の中で自分たちの顔写真が1年生に紹介されるとあって、「もっときれいに撮ってほしかったわ」とか、「うん、それでいい。わかりやすいわ」と言ってくれたりして、次第にテンションが上がっていきます。

　さらに日にちが近づいて、1年生の担任の先生から「1年生のためにいろいろお世話になります」と挨拶があると、調理員さんたちから「1年生の分だけ先にスパゲッティーを仕上げておこうか」と逆に提案されたりもしました（ただ調理員さんへの挨拶ですが、こちらが何も言わなくても自ら率先して行かれる先生もおられますが、この時期の担任の先生方は、他のことで頭も手も一杯です。とくに経験の少ない先生には、いつも私から「そろそろ指導なので、給食調理員さんに一度挨拶をしに行ってくれますか」と声をかけたり、行くタイミングを知らせるようにしていました）。新入生を迎える気持ちでいっぱいになった調理員さんたちは、さらに「初めての煮魚の日は、私たちも教室に行って食べ方を教えようか」と申し出てくれました。

　この『きゅうしょくとなかよくなろう』の指導では、1年生の子どもたちに栄養士である私や、調理員さんの名前と顔を知ってもらうことに重点を置いています。それが給食に対する子どもの信頼を育む基礎になると考えるからです。どんな人が自分たちの食べるものを作っているのかをしっかり心に留めてもらいます。

　この時期の子どもたちの発達段階の特徴として、「大人が『いけない』ということは、してはならない」といったように、物事の判断も大人に依存してなされ、教師や保護者の影響をとても受けやすいといわれます。その意味でも「誰が言った」「誰が作った」ということを子どもたちにはっきりさせておくことがとても大切で、給食でもそれが子どもたちの安心感や信頼の醸成につながっていくと思うのです。

　こうして学校をあげて1年生を迎える準備は整っていきます。

きゅうしょくと　なかよくなろう

　それでは、この指導での私の担当パート、冒頭に行う給食についての話『きゅうしょくとなかよくなろう』について説明します。まず時間を15分にしているのは、この時期の1年生が集中して聞ける時間の最長だと思うからです。かつて、こうした機会に「何か給食の話をしてください」と言われ、何の用意もなく話をしたことがありました。要領を得ない話をあれもこれもと話しているうちに、子どもたちが遊びだしたりあくびをしたり……。そんな苦い思い出もあります。

　授業では、視覚に訴える絵カードや文字カードを用意し、内容を精選し、はっきり話すこと、そして大事なことは都度、子どもたちに復唱させて子どもたちを授業に参加させるようにすることに気をつけました。

　タイトルは『きゅうしょくと　なかよくなろう』にし、伝える内容は「なかよくなってほしいひとたち」「なかよくなってほしい　きょうのきゅうしょく」「なかよくなるほうほう」の3つに絞っています。では、次ページから指導の流れを紹介します。

●「きゅうしょくとなかよくなろう」（15分）指導の流れ ●

NT：栄養教諭

①

NT「みなさん、おなかがすいてきましたね。学校で食べるお昼ごはんはなんていうかな？」
児童「きゅうしょく！」
（NT「きゅうしょく」の文字カードを掲示）

②

NT「そうですね。今日の学習は、そのきゅうしょくとなかよくなろうという学習です」
（NT「と」「なかよくなろう」の文字カードを掲示）

NT「では大きな声で言ってみましょう。『きゅうしょくとなかよくなろう』」
児童「きゅうしょくとなかよくなろう」

③
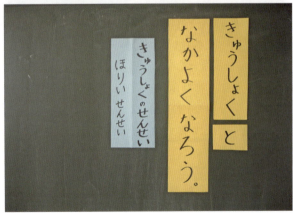

NT「先生は給食の先生です。堀井先生と言います」
（NT「きゅうしょくのせんせい」「ほりいせんせい」の文字カードを掲示）

NT「ではみんなで言ってみましょう。『ほりいせんせい』」
児童「ほりいせんせい」
NT「先生はみんながどんなものをどんなふうに食べたら心も体も元気に大きくなれるか、いつも考えています」

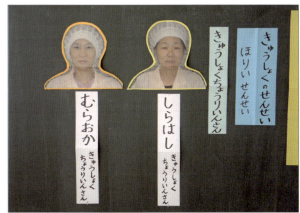

④
NT「みんなが食べる給食は、いつも2人の給食調理員さんが作ってくれています」(NT「きゅうしょくちょうりいんさん」と名前の文字カード、顔写真カードを掲示)
NT「では、みんなで言ってみましょう。『しらはしきゅうしょくちょうりいんさん』」
児童「しらはしきゅうしょくちょういんさん」
NT「『むらおかきゅうしょくちょうりいんさん』」
児童「むらおかきゅうしょくちょうりいんさん」
◎給食調理員さんの顔と名前を一人ずつ紹介して全員で復唱する。

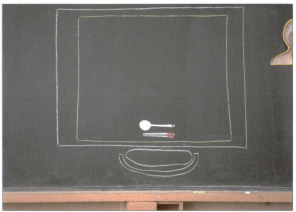

⑤
(NT 黒板に四角形を2つ【机とナフキン】といすをチョークで書く。はしとスプーンの絵カードをはる)
NT「これはみんなの机を上から見たところです。これは(下を指して)いすです。給食のときに机に敷くものは『ナフキン』といいます。みんなで言ってみましょう」
児童「ナフキン」
NT「ナフキンを敷いたら、おはしを置きます。おはしは食べる方を左に置きます。スプーンも一緒に置きます」

⑥
(牛乳の絵カードと「ぎゅうにゅう」の文字カードを掲示する)
NT「ナフキンの右上には牛乳を置きます」

⑦
NT「牛乳は骨や歯を丈夫にします」
(「ほねやはをじょうぶにする」の絵カードを掲示する)
NT「でも、牛乳は少しいばりんぼうやねん。はじめに全部飲んでしまうと、おなかの中でふくらんで『おかずがなくてもぼくだけで大丈夫』っていばるから、少しずつ飲みます」

※現在、京都市では牛乳を右上に置いていますが、私が在籍していたころは長く左上に置くように指導していました。絵カードのふきだしの方向が逆なのはそのためです。

⑧

(食器の絵カードを掲示する)
NT「そして、容れ物が3つあります」

⑨

(左下の皿にコッペパンの絵カードと文字カードを掲示する)
NT「お皿には、今日はみんなみたいに小さい小型コッペパンがあります」

⑩

(「ぱわぁあっぷ」「さみしがりや」の絵カードを掲示する)
NT「パンを食べるとパワーアップ、元気が出ます。でも、パンはさみしがりやねん。だからパンを食べるときは、さみしくないようにおかずと一緒に口に入れます」

⑪

(右下の食器に「スパゲッティのミートソース煮」の中身の絵カードと文字カードを掲示する)
NT「大きなおかずの容れ物には、スパゲッティのミートソース煮です。調理員さんが朝からたまねぎを涙を流しながら切って、肉と一緒によ〜く炒めて、ぐつぐつ煮込んでミートソースを作っています。そして熱々ゆでたてのスパゲッティを最後に入れて作ります」

⑫
(「えいようまんてん」「にんきもの」の絵カードを掲示する)
NT「大きいおかずは栄養満点！みんなの人気者です」

⑬

(左上の食器に「ほうれん草のソテー」の中身の絵カードと文字カードを掲示する)
NT「この人気者を陰ながら応援するのは、小さい容れ物のおかずです。この緑色は何かな？」
児童「キャベツ？」
NT「違います」
児童「ほうれん草」
NT「正解です」

⑭
(「おたすけまん」「にぎやかさん」の絵カードを掲示する)
NT「『ほうれん草のソテー』は、みんなのおたすけまんです。みんなのことを応援してくれます。そしてとってもにぎやかさんです。かむとき一番大きな音がします。どんな音がしたか後で教えてください」

⑮
(「りんごぜりぃ」の絵カードと文字カードを掲示する)
NT「ぜんぶ食べたら、今日はお祝いにりんごゼリーがデザートであります」

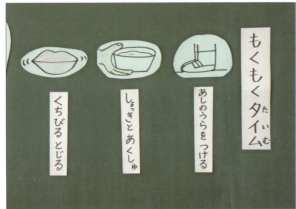

⑯
(「もくもくタイム」の絵・文字カード一式を掲示する)
NT「そんな給食と仲良くなる時間があります。『もくもくタイム』です。まず足の裏を床につけます。胃袋がピタッとおさまって食べ物がくるのを待ってくれます」
NT「仲良くなる手で食器と握手して食べます。背中が伸びて食べ物は真っすぐに進みます」
NT「上のくちびると下のくちびるを仲良く合わせてかみます。くちびるをピタッと閉じると、食べ物は奥歯の上に集まってよくかめます。楽しいリズムでかみましょう」

⑬
NT「そのとき、耳を押さえて音を聞くと、食べ物の楽しい音が聞こえて、『きゅうしょくとなかよく』なれます」
NT「これで『きゅうしょくとなかよくなろう』の学習を終わります。このあと手洗いの学習が終わってから(先に手洗いの学習が終わった他クラスでは「今から」)給食の用意をしましょう」

※今は全国的に「もぐもぐタイム」の呼び方が広まっていますが、私の勤務校では「目の前の食べ物に集中する時間」とし、子どもたちが食べずにおしゃべりばかりするのを避け、かつ給食が温かいうちに食べ物のいろいろなよさを見つけてほしいと考え、「もくもく(黙々)タイム」という名で呼んでいました。

● 板書 ●

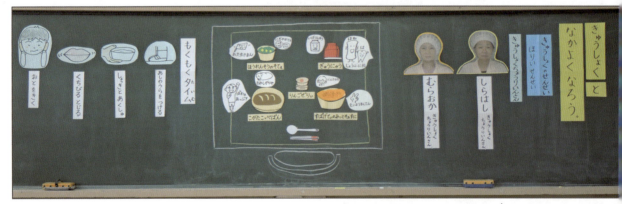

「ちがい」を受け入れて

　私は3歳のときにかかったはしかによって、両耳が感音性難聴(鳥の声やピアノの高音部など高い音が聞こえない)になりました。そのため話し声がときどき少し歪んでしまうらしく(私自身はわからない)、新任のときや、初めて会う1年生は、私が話し出すとざわついたり、笑ったりすることがあります(子どもたちは「ちがい」に対してはとても敏感で、それをストレートに表現します)。担任の先生が「今、笑った人、立ちなさい」と厳しく注意されることもあるし、後から「堀井先生、すみません」と謝られることもありました。

　小さいときから味わってきた思いとはいえ、生まれてからわずか6年しか経っていない子どもに、こんな大人になってからもそんな思いをさせられるとは……、と傷つきもしました。しかし、あるときから耳の悪い私がこうして学校に勤めて

いるのには何か意味があることのように思うようになりました。そして、この『きゅうしょくと なかよくなろう』の一番最初、「きゅうしょくのせんせい」である私、「ほりいせんせい」の自己紹介のときに次のように話すようにしました。

「先生が今、話している声が、『あれ？なんか違う』と気がついた人は手を上げてください（１年生は手を上げます）。手を上げてくれてありがとう。先生は小さいとき、病気で高い熱が出て、耳が聞こえにくいからみんなと少し違う声です。でも、これが堀井先生の声だからみんな早く慣れてくださいね」

子どもたちはそのとき大きく頷きます。それ以降、一人として私の話し方を笑ったりからかったりすることはありません。「ちがいを受け入れることは、心が通い合うこと」。それを私も１年生も感じ、絆が生まれます。

「みんなちがってみんないい」。目の前の子どもたちをまっすぐ育てたいという願いは、学校に籍を置き、働く大人たちの職種を超えた共通の願いです。もちろん、それぞれの役割を飛び越えて子どもたちに接することはよくありません。しかし、学校という人格形成の場で、栄養教諭・学校栄養職員は食の部分の指導だけではなく、教育公務員の一人として子どもたちの人格の完成を目指し、その成長に手を携えて一緒に取り組んでいかなればならないのだと思います。

食物アレルギーについて

牛乳、卵、小麦、大豆など食物アレルギーのある子どもたちが年々増えています。在籍校でも、入学前の就学時検診のときに保護者の方から申し出を受け、学校生活管理指導表をもとに学校生活での注意点や給食での対応、弁当持参の必要性の有無など、入学式、そして給食開始時までに担任、養護教諭、管理職、栄養教諭とともに保護者の方と懇談を行っていました。そのときに「学級のほかの児童に、お子さんの食物アレルギーについて話をしてもいいですか」と、担任の先生から保護者の方に了解を取ってもらっておきます。

そして『きゅうしょくと なかよくなろう』の私の話の後に、担任の先生から食物アレルギーについて、次の４つのポイントを押さえて話をしてもらうようにしていました。

・体が大きく元気になれる食べ物は、人によって違うこと
・お医者さんとおうちの人と連絡を取り合って、お弁当も持ってきてもらったり、給食室で違うおかずを作ってもらっていること
・人に給食をあげたり、人から給食をもらったりしないこと
・「○○さん、△△さんです。知っておいてください」

もちろん初日なので、あまり詳しくは話しませんが、初日だからこそ話しておかなければならないことです。

そして食物アレルギー対応については、栄養士から子どもに伝えるのではなく、まず担任の先生がきちんと話すことが大切だと思っています。子どもたちが学校生活の中で一番長く接し、今後最も信頼を寄せていくことになる担任の先生から、このようにきちんと話していただくからこそ、子どもたちはちがいを受け入れることができます。そして対象となる児童も安心して給食時間を過ごすことができます。

食事観を育む旅への誘い

私は４月から５月連休前までは、給食を１年生の子どもたちと一緒に食べていました。初日、子どもたちはたくさんの人たちの思いのこもった給食を完食して、ニコニコ顔で帰ります。もちろんこの後の４月の献立には、おそらく１年生が今まで食べたことのないおかずや食材も登場します。でもその都度、子どもたちに食べ方を最初に示し、さらに『もくもくタイム』の中でもやって見せるようにしていました。こうして給食と"なかよく"なりながら、その後、小学校の６年間をかけ、子どもたちの「食事観」を育む、楽しくも身の引き締まる旅が始まるのです。

育ちを信じる啐啄食育②
食のふるさと
ランチルーム

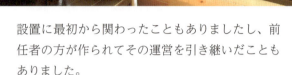

ランチルームと学校給食

　現在、全国の小学校にランチルームのある学校はどれくらいあるのでしょう。文部省（現・文部科学省）の調査では昭和54（1979）年には全国で3.4%であったものが昭和62（1987）年には13.6%と飛躍的に増えていると出ていましたし、昭和63（1988）年にはランチルームの設置に国庫補助も出されています。

　児童数の減少に伴い、ランチルームは空き教室を利用して作られたり、新設校では給食室の隣に1学年が入れるほどの大きさの美しいランチルームが設置されたりしました。京都市にも地域の特色を生かした畳や囲炉裏のあるランチルームなどさまざまなランチルームがありました。

　35年間の在職中に、私自身もランチルームの設置に最初から関わったこともありましたし、前任者の方が作られてその運営を引き継いだこともありました。

　大きなランチルームであれば、他学年の児童や地域の方々などと交流できるよう、会食を中心とした取組を広げることができるでしょう。しかし、私自身が経験したのは学級単位で使用する広さのランチルームが中心でした。その運営の実際や、ランチルームとはどのような場でありたいと考えていたのかなどを最後に在籍した向島藤の木小学校のランチルームを例に紹介したいと思います。

食育の目標を達成する取組の場

　向島藤の木小学校の 食育の目標は「一人一人の食べる力をのばそうー将来、良い食卓環境を作れる人を目指してー」でした。ランチルームはその目標を達成するための取組の一つの場として考え、工夫をしていました。

向島藤の木小学校の
ランチルーム

楽しさを演出する工夫

ランチルームに限らず、私はよい食卓環境には楽しさが大切であると考えています。これから、向島藤の木小学校のランチルームを写真でご覧に入れながら、私が考えた楽しさを演出する工夫を紹介します。

●入口案内板

前日の放課後に次の日に使うクラスの札と、月日、曜日をセットします。子どもたちが登校してランチルームの前を通るとき、その日使用するクラスがわかるようにします。下駄箱の目隠しにもなっています。

●下駄箱とすのこ

ランチルームは衛生面も含めて上靴を脱いで入る場としています。靴から解放される心地よさを感じてほしいと思いました。給食当番以外の児童はランチルームの入り口のすのこで上靴を脱ぎ、下駄箱に入れるようにしました。管理用務員さんに下駄箱をピンク色に塗ってもらったので、入り口が明るくなりました。

給食当番の児童は食器やおかずの容れ物を運んできているので、上靴を下駄箱に入れないで、すのこの前に靴を脱いで入るようにしました。

●無垢材の板張り

床と壁一面が無垢材の板で覆われています。子どもたちは裸足で入ります。「気持ちいい、山小屋みたい！」と歓声があがります。

●暖炉

レンガ造りの暖炉があります。部屋のスペースは少し狭くなりますが、この中にファンヒーターを入れて冬場は暖炉から暖かい風が出るようにしました。山小屋感が演出されるようです。

●テーブルと椅子

6人掛けの大きな木のテーブルと、どっしりと

した椅子があります。椅子の足の裏にフェルトを丸く切って貼り、動かすときに音を出さず、床に傷もつかないようにしました。低学年の児童は椅子の上に正座して食べるようにしていました。テーブルにはグループの番号がわかるアクリル札を立てています。

● ホワイトボード板とカーテン

ランチルームは食事中にチョークの粉が舞わないよう、ホワイトボード板にしています。さらに食事中はカーテン閉めて、後半の食についてのクイズや指導をするときにカーテンをさっと開けて話の開始を知らせるようにします。

● 時計

山小屋風のランチルームのイメージに合わせて色画用紙で時計を飾っています。「いただきます鳥」と「ごちそうさま鳥」を作り、くちばしがさす時間でいただきます、ごちそうさまをする時間や「食べる力をのばそう」という食育目標を意識するようにしました。

「すること」で身に付く工夫

私はよい食習慣や食べ方は、家庭での生活や将来に活かすためにもくり返し行うことで身に付くと考えています。そのためのランチルームでの工夫も紹介します。

● 「置き場所ランチマット」

主食、副食、はし、牛乳などの置き場所を示したランチマットをA3の紙に印刷してランチルームの机の上に置きました。その上を透明のビニー

ルクロスで覆い、机の裏側にテープで固定し、ビニールクロスがずれないようにしています。給食当番が配膳するとき、絵を見ながらその上に置くことで、ご飯を置く位置や、おはしの向きなど配膳場所が身に付くようにと考えました。

● 「食卓の準備セット（台ふき・はし箱に入ったはし・はし置き）」

給食当番以外の児童がランチルームに来て手洗いした後、台ふきでテーブルの上をふき、はし箱から人数分のはし置きとはしを出し、「置き場所ランチマット」の上に置くようにしてもらおうと考えました。家庭においても食卓の準備はまずテーブルをふいて、はしや茶碗をセットするということが習慣づけられるようにという願いからです。

なお、使い終わったはしは、はし箱に帰さず、はし置きとともに栄養士が集めて、洗浄・乾燥し、はし箱に入れて準備するようにしました。

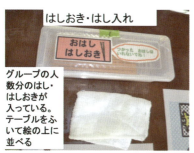

● 『三色の歌』を歌う

私が栄養士になって、一番早くから取り組んだのはこの『三色の歌』です。三色分類の赤黄緑の食品とその働き、そしてそれらを組み合わせて食べることの大切さを替え歌にしたものです。

ランチルームでは、前のホワイトボードの上に三色の歌の歌詞を掲示していますが、各テーブルのビニールクロスの下にも1年生も理解しやすいようにふりがなとイラストのついた歌詞のプリントアウトを入れていました。それを見て給食の配膳を待っているときに歌の練習をする子どもたちの様子も見られました。

← この写真撮影時は牛乳を左上で指導

採用されて2年目に作った替え歌なので、在職中、じつに33年間は歌い続けてきました。健康な食事の基本はバランスよく組み合わせて食べるということを子どもたちが身に付けていけるよう、ランチルームの最後には必ず歌うようにしていました。高学年になって子どもたちが恥ずかしがって歌わなかったときは、歌いなさいと強要することはせず、「じゃあ、先生が歌うので聞いてくださいね」と一人で歌うこともありました。栄養士として子どもたちが大人になったときも健康で「食」を大切にしてほしいという祈りにも似た気持ちであったように思います。子どもからは「歌詞を見な

いでも歌えるようになったよ」と教えてくれたり、逆に「今日もあの歌歌うの嫌やわ〜」とわざわざ私に言いに来る子もいました。でも道で出会った卒業生が私の姿を見て「赤は体を作るもの〜♪」と、『三色の歌』を歌い出した時の嬉しさは今でも忘れられない思い出です。

子どもが自ら主体的に学ぶ工夫

以上が「やること」で無意識的に身に付くことをねらった工夫であるのに対して、子どもたちが自らの意志や興味・関心から、主体的に食について学んでみようという工夫も考えました。

● 読書コーナー

ランチルームの一角に座布団付きの椅子を並べて、読書コーナーを作りました。食に関する図書やおすすめの本などを置いて中間休みや昼休み、高学年児童が早く食べ終わったときなど、ここにある本を見て学べるようにしました。本棚は管理用務員さんの手作りのものです。

● 掲示物

ランチルーム後方に大きな掲示板があります。新しい掲示物を作ったときは、なぜそれを作ったのかということや、見るポイントを紹介するようにしていました。その一部を紹介します。

★『日本食べ物歴史年表』

日本でいつ頃から、どのような食べ物がどう食べられてきたかを紹介したものです。高学年に人気がありました。

★ いただきますの理由・味わって食べよう

この掲示物は、じつは栄養士として私が最後に作ったものです。私が退職した後、向島藤の木小学校は栄養士配置校から兼務校になることが3月の後半にわかりました。4月になり、兼務に来られた後任の方が、最初はランチルームの掲示まで手が回らない（自分も経験済みです…）だろうと思い、向島藤の木小学校の子どもたちに残しておきたいメッセージをと考え作りました。自分が今食べている食べ物はどのようにして自分の前にそろえられたかを知り、味わって食べるというのはどのようにすればいいのか、味わうことを言葉で表すことのよさを覚えていてほしいと思いました（写真次ページ上）。

★『集まれ 食の言葉』（調理法）

その日の給食にはどんな調理法か、またそれをどのように言うのかを知らせるために作りました。切り絵でしたが、その後、埼玉県栄養教諭の猪瀬

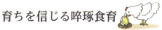

『いただきますの理由・味わって食べよう』の掲示物

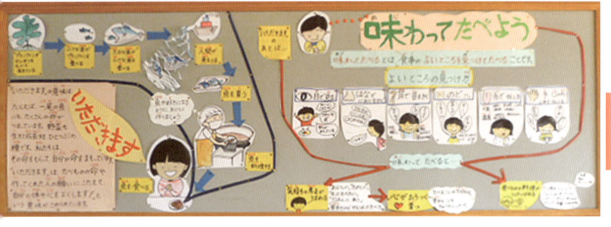

『集まれ 食の言葉』の掲示物

里美先生を中心に埼玉県志木市学校栄養士会の先生方が写真を元に型紙に起こしてくださいました。第2章（p.110～）で紹介します。

★ 『集まれ 味わう言葉』

　以前『食育フォーラム』に連載されていた早川文代先生の『旬を味わう言葉』と、先生のご本『食語のひととき』（毎日新聞社，2004）を参考に子どもたちが豊かな言葉を使って味わいを表すようになってほしいと紹介したものです。気に入った言葉を使って給食の感想を書く子どもたちも増えました。

『集まれ 味わう言葉』の掲示物

● おはしの正しい持ち方の手元写真

『おはしの学校』（p.77～）で紹介しますが、名前の置き場所ランチマットの両端に右手用・左手用の正しいお箸の持ち方の写真を提示しました。自分が持ちたいと思ったときが持てるようになるタイミングと思い自分の持ち方を自分で確認できるようにと考えました。

自分の成長に気づく工夫

ランチルーム活動を通して、子どもたち自身が自分たちの成長を実感できる工夫もしました。

● 『食べる力の目安表』

食育の目標である「食べる力をのばそう」について食べる力が伸びていくというのはどのような段階を経て伸びていくのかを示した表を掲示しました。子どもたちが「今日の自分の給食時間はどうだったのか」と自己評価できるようにと考えたものです。「今日は嫌いなものあったけど、『きらい』って口に出して言わなかったからパワー0から1になった！」とか「次のランチルームはパワー3を目指す」などつぶやいたり、報告したりしてくれる児童が、とくに低学年で多かったです。

● 「給食ミシュラン」

クラスや学校単位で成長に気づく工夫として考えたものです。私が赴任した頃、向島藤の木小学校は驚くほど給食の残菜が多い学校でした。何より心が痛かったのは、残ることになんの抵抗も感じない子どもたちの姿と、先生たちの諦めモードでした。食べる前から「これは嫌い」「食べられない」と減らしに来る子どもたちを見て、食べず嫌いを克服したり、給食を残さず食べたりすることがいいことだなと感じる手立てはないものかと考えて作ったものです。

『ミシュランガイド』の星や、堺正章さんのTV番組『チューボーですよ！』からヒントを得ました。ホワイトボードに星形の枠を作っておき、下にご飯やおかずなどその日の献立名を書き入れておきます。「ごちそうさま」をする前に「それでは本日の給食ミシュランの発表です。〇〇先生、〇年〇組の麦ご飯はいかがですか？」と私が聞いた後、担任の先生が配膳台の麦ご飯の容れ物を見て、「空っぽです！」と答えると、枠の中に上から黄色い星が降りてくるようにずらします。一つずつの献立の残菜を確認した後、堺さんをまねて「いただきました。星4つです！」と言い、「拍手！」と言って、みんなで拍手するという流れでした。

取り組み始めた頃は1つも星がつかないこともありました。そのときは「今日は無星

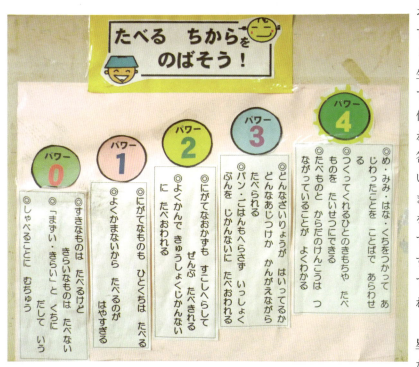

『食べる力の目安表』の掲示物

育ちを信じる啐啄食育

●給食ミシュラン●

①星形の枠を作っておき、下にご飯やおかずなど、その日の献立名を書き入れておく。

②担任の先生に「□組の××（献立名）はいかがですか？」と食缶や容器の残りの状態を聞く。

③担任の「空っぽです！」の答えとともに、星を枠の中に降ろす。これをすべての献立で行って…

③「いただきました。星○つです！」と発表。「拍手！」のかけ声で全員で拍手する。

⑤この日は星4つの「四つ星」だった。

です！」と発表しました。でも星が1つでもつけば「いただきました。星ひとつです！」と喜びました。最初は「しょうもない～」「バカみたい」と言っていた子どもたちも、若い担任の先生方がはりきって発表する姿や、星が0から1つ、そして2つと増えていくにつれて、だんだんまんざらでもないように変わっていくのが感じられました。

　星がついたときはいつ、どのクラスが何の献立

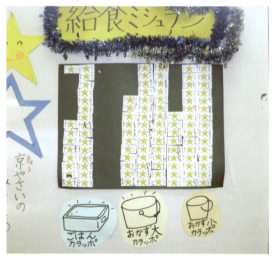

⑥星がついた献立、クラス名と日付を星形の顔シールに書き、主食・主菜・副菜ごとに貼っていく。

がんばれ！きゅうしょくぼうや　39

でついたか、星形の顔シールに記録し、一覧表にしました。次回ランチルームに来たときに前回、自分たちはどうだったかを確認することもできるし、「全校で残りやすいものはご飯などの主食だな…」と自ら気づくことにもなります。以前の自分たちと比べてどうなのか、自分たちの成長にも目を向けて見てくれたらと願っていました。

　無関心だったり、反発したりしていた子どもたちもランチルームに来たときは、前回のランチルームでどのような献立に星がついたのか見に来て確かめるようになりました。「教室でも残る量が少なくなってきたよ」とこっそり報告してくれる子もいました。もちろん、何が何でも残してはいけないということではなく、自分たちの、ひいては自分の食べ方をふり返ることと、担任の先生方自身の「どうせ食べないから…」といった意識を変えることにとても有効だったと感じます。

　この取組を始めて4年目くらいになると、全校で主食も副食も残菜がゼロになる日が増えてきました。ランチルームに来たときも完食が当たり前のようになってきたのです。でも「給食ミシュラン」は続けました。どんなことも目的が達成したら「はい、終わり」ではなく、それを継続すること、そして「当たり前の状態がいいことなんだ」と確認することに意味があると思います。

　ただ念を押しておきたいことは、この「給食ミシュラン」の取組だけが残菜を減らすことにつながったのではないということです。楽しさや食についてランチルームや教室で学ぶこと、それをくり返すことで身に付けていったことが自分たちの食べ方のふり返りや変容につながったということではないかと思うのです。

ランチルームの使用の実際

　ここでランチルームを私がどのように運営していたか、時間の流れにそって紹介します。

①使用日程を決める

　ランチルームは、前節の「きゅうしょくとなかよくなろう」で説明したように、私は4～5月半ばくらいまで1年生の教室で給食を1年生と一緒に食べていました。ランチルーム活動は、それがひと段落した5月後半から始めていました。私の兼務日（京都市では栄養士未配置校に、配置校から食の指導の兼務に行く対策がとられていました）や、出張日、学校行事（遠足や学芸会など）、各クラスの授業（4時間目の体育、プール、調理実習等）を考慮して、毎回予定表を出した後、担任の先生の申し出があると調整し、使用日程を決めていました。各クラス、年間で5回程度の使用でした。

②使用日程が決まったら…

　食事の時間を確保するためにもランチルームの日は4時間目の終了を5～10分早めてもらいました。1年生の一番最初のランチールでは4時間目の後半1/2時間を使って、ランチルームの使い方についてオリエンテーリングをしました。

③前日と当日の朝

　担任の先生と打ち合わせをします。まず児童のグループ分けをお願いします。ランチルームには6人掛けのテーブルが6個あるからです。そして担任と栄養士が座る場所も決めておくように言います。ランチルームの掃除をする子ども（3～6人）も決めておいてくれるようにお願いしておきました。前日に打ち合わせた後、当日の朝ひと声かけて再確認します。

④給食の確認（当日）

　ランチルームの予定表は給食調理室に前もって渡しているのでそれを見て給食調理員さんが食器や個数ものをランチルームのクラスに人数分入れてもらっていますが、当日に声掛けして数の確認を行います。

⑤12時10分～15分頃

　栄養士が教室に給食当番以外の子どもたちを迎えに行きます。そのときは並んでランチルームへ

育ちを信じる啐啄食育

行くように指導します。一方、担任は給食当番の子どもたちにトイレを済ませた後、身支度をさせ、各自エプロンの袋も持たせて、給食室に給食を取りに行き、ランチルームに向かいます。

⑥給食の時間

　ランチルームの掲示物で説明します（右写真）。

ランチルームの掃除

　ランチルームの掃除は、使ったクラスがするようにしていました。

　ただ栄養士である私はランチルームのクラスだけでなく、全校の喫食状況を見て回ったり、給食委員会の活動（残菜調べ）を監督したりする仕事もランチルームのある・なしにかかわらずありました。また給食室に遅く返しに来た子どもたちに対応して話をしていると、どうしても掃除の時間に入り込んでしまうときがあります。

　そのため、私がランチルームにいなくても、先に子どもたちだけで掃除を始めることができるように仕事内容を示した掃除表を作りました。各作業ごとに札を分けて作り、その仕事ができたらひっくり返す仕掛けです。掃除ロッカーはスチール製なので、マグネットとテープで作ることができます。全部できたら札の裏の「きゅうしょくぼうや」の絵柄が完成し、きゅうしょくぼうやがほめてくれるという仕掛けでした。その絵を楽しみに、子どもたちは分担して、てきぱき掃除をしていました（下写真）。

● ランチルーム掃除ロッカーの掃除表のしかけ ●

①掃除のプロセスを1枚ごとの札にして

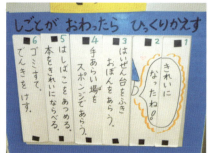
②終わったものを裏返していく…

③すべて終わると「きゅうしょくぼうや」がほめてくれる！

がんばれ！きゅうしょくぼうや

ランチルームは食のふるさと

「やった！今日はランチルームだ」と、子どもたちの歓声があがります。「きれいで居心地のよい部屋で食べるとおいしく感じる」「先生と同じテーブルで食べるのがうれしい」「いつも苦手としていた食べ物が今日は食べられそうな気がする！」など、子どもたちが喜ぶ理由はさまざまあると思います。

クラスでは好き勝手に食べていてもランチルームに来たら特別な食べ方をするというのではなく、給食時間の基本は、クラスもランチルームでも同じようにしていました。だからこそランチルームでできたり、体験したことがクラスでの給食時間の質を高めることにもつながっていったのだと思います。

ランチルームは学校給食のふるさとであってほしい。休みの日にふるさとの実家に戻るようにここに来て、学んだり、体験した食の楽しさや大切さをまたクラスに戻ってからも続けてほしい。そして子どもたちが大人になったとき、「小学校のランチルームであんなことしたね」と思い出せるようなランチルーム。そう、ランチルームは学校の「食のふるさと」でありたいと思うのです。

育ちを信じる啐啄食育 ③

まほうのたべかた

対象：小学1年生

好ききらいは永遠のテーマ

　私は好ききらいの多い子どもでした。家ではそんなに困った記憶はありませんでしたが（これは後々考えると、家ではきらいなものは食べてなかった）、小学校の給食では、今でも記憶が鮮明にあるほど苦労しました。家が田舎だったこともあり、1・2年は小人数の分校で、苦手なものは「仕方ないね」と許してもらっていたのが、3年から本校に通うことになると、毎日が緊張と不安の給食時間でした。それまでほとんど苦手なものを食べてこなかった私には、もちろん給食を食べきることは無理でした。「残すのは絶対にダメ」という当時の担任の先生の教育理念のもと、昼休み、そうじ時間、5時間目と私の机の上には食べていない給食がありました。周りの男子たちから「早よ、食べろや！ぐっと飲み込んだらしまいやろ」「あ～あ、こんなにおいしいのにな」「残すんやったら食べたかったわ」と言われても、食べたら吐いてしまうと頑なに思い込んでいた私には無理でした。

　放課後、残ったおかずの容れ物を持って職員室に行き、先生の隣の席で給食を食べるという、今では考えられないような経験もしました。やがてパンの間に食べられないおかずを挟んで持って帰ったり、献立表を見て、どうしても食べられなさそうな日は電気あんかをおでこに当てて、熱を出したふりをして学校を休むようなこともしました。それでも完全に逃げ切れるはずもなく、6年生になる頃は、無理やり飲み込んで、ようやく残さないようにすることができました。

　ところが、そんな私でも大人になるにつれ、苦手だったものが「好き」「おいしい」と思えるようになり、それまで食べたことのなかったアボカドやフォアグラなどにも自分からはしを伸ばし、おいしさを見つけられるようになったのです。それはなぜなのか。答えは「苦手なものでも、食べてきたから」です。苦手であっても、ひと口ずつでも食べる経験を積み重ねていくことで「苦手」が「平気」になり、やがて中には「好き・おいしい」につながっていく。好ききらいがへるとは、こうしてさまざまな風味を経験していくことで新しい食べ物も受け入れやすくなることだと思います。

　皮肉にもその後、小学校の栄養士となった私が、給食を苦手にしている子どもたちにいつも語りかけていた言葉は、「大丈夫、今、こうやってちょっとずつでも食べていたら、いつか絶対おいしく食べられる日がやってくる。それだけは先生が自信をもって言える」でした。こうして私にとって好ききらいは永遠のテーマになりました。

好ききらいの原因は何か

　子どもの頃、なぜみんながおいしいと食べているものを自分はおいしいと思えないのかとても不思議でした。でも逆に周りの子からは「こんなにおいしいのに、なぜ秀美（私）さんはきらいで食べられないのかな？」と思われていたことでしょう。食べてどう感じるかというのは、ほかの誰にもわからない自分だけが感じる感覚です。

　自分が子どもの頃、好ききらいが多かったのはなぜか、そして好ききらいの多い子どもを前に、一体、何が原因なのかととても悩んだものでした。「離乳食のとき、いろいろ食べさせていなかったから」「お母さんがちゃんとごはん作って

いないから」「お菓子ばっかり食べさせているから」……、担任の先生や保護者の方とのやりとりの中で原因となりそうなものを見つけては、「だからやっぱりそうなのね」と自分を納得させたり、「だから無理なんだ、仕方ない」とあきらめたりする言いわけにしたこともありました。

でも実際には、家でお菓子ばっかり食べていても好ききらいなく給食を食べている子、お母さんがとても食事に気を配っているのに野菜が食べられない子もいます。自分の子育てでも経験しましたが、同じ食事でも兄弟で好ききらいのある・なしもありました。ここから出した私自身の結論は「好ききらいにはさまざまな要因があるが、直接の原因はない。原因を見つけ出すことが、好ききらいの解消への近道ではない」ということです。

好ききらいはその子の食べることへの向き合い方

では、何が好ききらいのある・なしを分けているのでしょう。

私は、「食べる」ことが「食べ物との出会い」であるとならば、それは友だちづくりに似たところがあると感じています。初対面の相手とでもすぐに会話をし、苦労なく友だちづくりをする子もいれば、自分から声をかけるまで時間はかかるけど、じっくり友だちづくりをする子もいます。同じことが「食べ物」への向き合い方にもそれぞれ表れてくる。つまり平たくいうと「個性」というシンプルなものではないでしょうか。個性だからこそ人それぞれに違うし、個性だからこそ「好ききらいがある」という状態を受け入れて次に進めるのだと思います。勇気を出して苦手な食べ物を初めて食べられたとき、乗り越えた子どもの顔は輝いていました。

小学校の栄養士となり、食という場面でこうした子どもたち一人ひとりの個性に出会え、その個性をさらに伸ばすことに携われ、そして子どもたちの成長にたくさん立ち会うことができました。

「給食のおかげでなおりました！」

在職中、幾度となく保護者の方から聞いた言葉です。「家では食べようとしないのに給食では食べているみたいです」とか「家では刻んでハンバーグに入れるのに、給食では結構大きくても食べてるんですね！」といった声もよく聞かれました。

家の食事と給食との大きな違いは、同年代の友だちと一緒に食べることでしょう。保育園・幼稚園時代はまだ自分のことで精一杯だった子どもたちも小学校に入ると、友だちの存在や集団の中での自分を意識するようになります。

右ページの図は、私が考えた「食材の幅が広がるしくみ」です。苦手な食材を「食べてみよう！」と思うまで、赤字で書いたA〜Eの条件を丁寧に揃え、積み重ねていくことで「給食のおかげで好き嫌いがなおりました」という状態が作られていくのではないでしょうか。毎日の給食づくりをていねいに行い、教室でどんなふうに子どもたちが食べたのかをしっかり見守っていく。そうした日々の営みを大切にすることこそが、食育のゆるぎない基本であると私は思います。

耳を押さえて音を聞いてみよう

今からもう25年ほど前になるでしょうか、私の先輩である和泉正美先生（京都市元栄養士）から、「1年生と給食を食べるとき、『耳を押さえてどんな音がするかな？』と子どもたちに投げかけると、どの子もすごく喜んで「楽しい音がする！」とか「グチュグチュいってる！」とか楽しんで食べてるし、それをしてたら苦手なものも食べられたよ」と教えてもらいました。そこで、まず自分でやってみました。

食事の擬音というと、マンガなどでは「もぐもぐ」や「パクパク」が定番ですが、かむときに耳を押さえて聞こえてきた音は、今まで聞いたこともないような音でした。「ぐじゅぐじゅ」「ジャグジャギ」「シャクシャキ」「ズーズー」……、しかも食べるものによって、音の大きさも高さも千差万別で、まるで体の内側から自分を励ます音のよう

にも聞こえてきました。早速、子どもたちにも伝え、やらせてみると子どもたちもすぐに夢中になりました。

教室中、耳を押さえて、食べ物が口の中で出す音を聞きながら一心不乱に食べる子どもたち……。その姿を異様に感じられたのか、年配の担任の先生から「はい、もう終わり。ふつうに食べなさい」と言われてしまったこともあります。

その一方で、「堀井先生が来てくれてから、子どもたち、ずっと耳を押さえて食べていますよ」とか、「『先生もやってみたら！』と子どもに言われました」と、うれしそうに報告してくださる先生もいました。

またその１年生の子たちが、ランチルームで私と一緒に食べるときには、3年生になっても耳を押さえて食べ、「前、こんなふうに食べたなぁ〜」と、懐かしむ姿もよく見られました。

ふつう「食べる＝どんな味？」というように、食べ物について語るとは、味について語ることと、みんなが思っていたところに、「どんな音がする？」と聞かれて、まったく新しい世界が開けたこと。その驚きや楽しさが大きかったこと。そしてみんなでその楽しさを共有できたことが、ここまで子どもたちの気持ちを揺さぶり、熱中させたのだと思います。もちろん、食べるマナーとして、耳を押さえて食べるというのはどうかと思いますが、子どもたちだっていずれそんなことはしなくなるのはわかっています。むしろ、新しい世界が見えてきた喜びを、ある一時期、子どもたちと一緒に楽しむことのできるゆとりや遊び心を、とくに低学年を指導される先生方にはもっていてほしいなと私は思うのです。

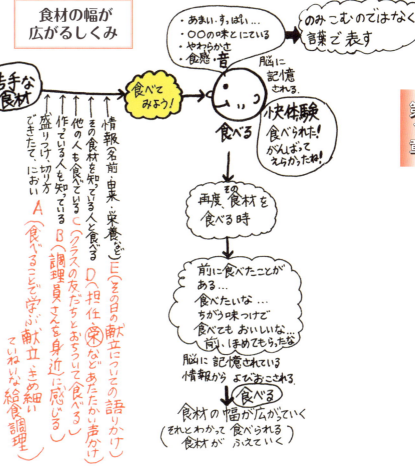

食材の幅が広がるしくみ

『まほうのたべかた』

紙芝居『まほうのたべかた』が生まれたのは、教育委員会の研修がきっかけです。決められたメンバーでグループになり、対象学年とテーマが与えられて指導案を作るという研修内容でした。私は先輩の和泉正美先生と林敏恵先生の３人でグループを組むことになり、１年生を対象に偏食をテーマにした指導案を作ることになりました。ただ、２時間という短い研修時間で指導案などすぐにできるはずもなく、まず３人で何を大切にしたいかということを話し合いました。「好ききらいを克服していく食べ方を示す」「一人ひとりの子どもが自分のこととして意欲を出せる指導にしようね」と確認し、それぞれ宿題として持ち帰ることになりました。絵を描いたり、物語を作ったりするのが好きだった私は、紙芝居を作る担当を申し出ました。

3人で話し合ったとき、「食べ方を示す」ということが好ききらいの克服に役立つことで意見がまとまりました。そこでこれまでの自分自身の偏食指導はどうだったのかふり返ってみました。給食を食べにくそうにしている子どものそばに行って、「がんばって食べようね」とか「ひと口づつ食べようね」と、その子が食べるまで見守っていたこと。食べられたら「すご〜い！がんばったね！」、残すことになったら「残念、でも今度またがんばろうね」などと声をかけていました。

　しかし、和泉先生から学んだ、「食べるときに音を聞いてごらん」という指導は、「がんばって食べよう」といった漠然としたものではなく、「食べ方を示す」指導であることに気づきました。そこで、「食べるときの音を聞く」「リラックスする」「姿勢を整える」「くちびるをとじてかむ」「味をみつける」など、"食べ方を示す"ことを紙芝居の中に入れ、子どもたちが給食時間にその食べ方ができるようにと考えました。

　次に一人ひとりの子どもが「自分のこととして」意欲を引き出すにはどうしたらよいか。これは大切なキーワードだと思います。私がかつてしていた指導のように、そばに来て、食べるのをじっと見守られていたら、「自分のこととして食べる」というより「先生が見ているから食べないといけない」になっていたと反省しました。また若年の頃（かなり前…）、担任の先生の中にはスプーンにおかずをのせ、子どもの口に入れるようなことをされる方がいました。それを見て子ども時代の自分を思い出し、心が痛くなりましたが、その先生の「結局、口に入れないと食べられるようになりませんからね」という言葉に、当時は何も反論できなかったことも思い出されました。

　しかし、全体指導の中で、好ききらいのある・なしにかかわらず、どの子もより良くなる食べ方を学んでいくことで、たとえ最終的には個別指導になるにしても、「自分もがんばろう」という意欲が引き出せ、子どもたちも「自分ごと」として捉えられる。そう私は気づいたのです。そして、「好ききらいはすぐにはなおらないけれども、食べ続けた先には食を楽しむ世界がきっとやってくる」という、自分の体験から得た確信もそこにメッセージとして盛り込みたいと思いました。

　和泉先生から見せていただいた詩も大きなヒントになりました。それは先生が子どもからもらったものです。その中の「苦手なものがあったとしても、先生くればたべられる……。せんせい、まほうつかいなの？」という一節がとても素敵で、紙芝居のどこかに入れられないかと夢中になって考えました。

　こうしてできたのが、紙芝居『まほうのたべかた』です。紙芝居の中のけんちゃんは苦手なものなんか食べたくないと言っていますが、心の中では本当は好ききらいをなくしたいと思っています。どんな子どもにも明るい方へ向かって伸びていきたい思いがあります。そのことに子どもが自分で気づいてほしいという願いも込めています。

　紙芝居が完成すると、紙芝居の世界から飛び出した『まほうのたべかた』の小冊子を、授業の中で一人ずつに配るというアイデアが浮かんできて、早速、2人の先生方に相談しました。すると和泉先生と林先生は、私の紙芝居とそのアイデアを生かした指導案を考えてくださいました。

●紙芝居『まほうのたべかた』●

『まほうのたべかた』

作・絵 堀井秀美

育ちを信じる啐啄食育

①

けんちゃんは、野菜が苦手です。
負けずぎらいのけんちゃんは、
給食の野菜のおかずに
「こんなん、おいしくない」「きらいや」
と、いつも文句を言っていました。

第1章

②

今日も給食の時間になりました。
先生が
「ほうれん草のおかか煮のおかわり、ほしい人！」
と、みんなによびかけました。

クラスのたくさんの友だちが
「ほしい！」「もっと入れて！」
と、手をあげました。
（半分まで引いて、③の左半分を見せる）

③

野菜の苦手なけんちゃんは、
「ふん、いらんわ！」
と、言っていたけれど……

（すべて引いてぬいて）
心の中では
「本当は、ぼくだって
野菜が好きになって、おかわりしたいんや」
と、思っていました。

④

ある日のことです。
けんちゃんが、学校から帰るとき
道に『まほうのたべかた』と書かれた
紙が落ちているのを見つけました。

けんちゃんは、まわりに人がいないか
見てから、そぉ〜っと『まほうのたべかた』を
拾いました。

がんばれ！きゅうしょくぼうや　47

⑤-a

「『まほうのたべかた』で食べたら、野菜が好きになれるかな……」
そう思ったけんちゃんは、何て書いてあるのか、中を見てみました。

（紙芝居を一度終え、『まほうのたべかた』の拡大版を広げる）

❶
冊子『まほうのたべかた』

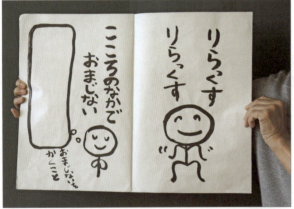

❷
りらっくす、りらっくす

❸
こころのなかで おまじない

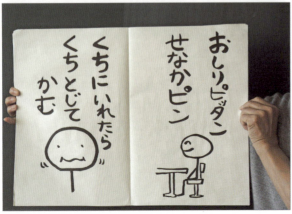

❹
おしりピッタン
せなかピン

❺
くちに いれたら
くちを とじてかむ

育ちを信じる啐啄食育

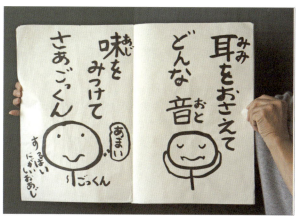

❻
耳をおさえて
どんな音

❼
味をみつけて
さあ ごっくん

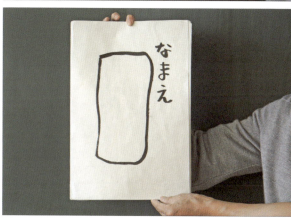

❽
なまえ

（紙芝居に戻る）
※詳しい使い方は指導案を参照

⑤-b，⑥-a

（紙芝居⑤の場面を半分だけ引いてから）

次の日、けんちゃんは給食の時間に
『まほうのたべかた』を
ためしてみました。

⑥-b
（すべてぬいて）

でもやっぱり急に野菜を好きになることは
できません。
「ハぁーっ、やっぱりだめかーー」

けんちゃんは、がっかりしました。
ところが、次の日の給食の時間に
ふしぎなことが起こりました。

がんばれ！きゅうしょくぼうや　49

⑦-a

けんちゃんの体の中から
『まほうのたべかた』が聞こえてきて、そのとおりに
体が動くのです。
けんちゃんは、次の日も、また次の日も
『まほうのたべかた』で食べるようになりました。
まるで、まほうにかかったように続けるうちに
おまじないの言葉どおり野菜が平気になってきました。

そうして1年がたちました。（半分引く）

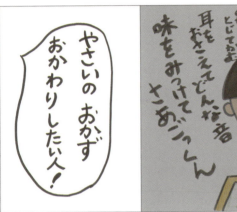

⑦-b、⑧-a

「野菜のおかず、おかわりしたい人！」

先生がみんなによびかけました。

⑧-b

（全部ぬいて）
「はい！」

けんちゃんは、今、
野菜のおかずをおかわりしています。

野菜が好きになったけんちゃんは
食べることがとっても大好きになりました。

⑨

『まほうのたべかた』は、すぐにはきかないけれど
続けていくことで、決してとけることのない
まほうになったのですね。

おしまい

●『まほうのたべかた』児童用小冊子●

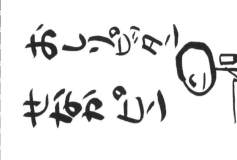
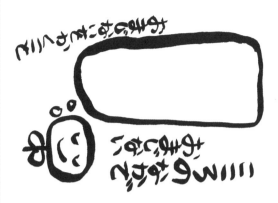
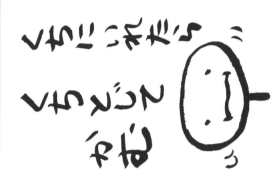

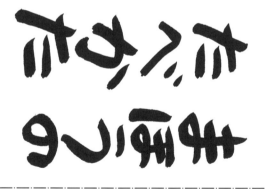
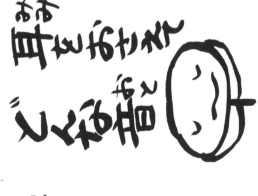

「サンタクロース効果」をねらって

子どもの頃、サンタクロースは本当にいると思っていました。クリスマスの朝、起きると枕元にクリスマスのお菓子の靴と本がありました。夜中に白いひげのおじいさんが置いてくれる姿をよく思い浮かべたものです。大きくなるにつれて、それは薄々サンタクロースではなく自分の親なのだと気づいてきても、その空想の世界に身を置いて楽しむことができるのは、1年生くらいまでの子どもの特権なのかなと思います。

『まほうのたべかた』では、この「サンタクロース効果」（私が勝手に名付けています）を狙っています。紙芝居の中のけんちゃんが拾ったのと同じ「まほうのたべかた」を教室で自分も手に入れ、自分のおまじないを考え、最後に名前を書き入れたときから"まほうのたべかた"をするようになって、やがてその先に苦手な食べ物を本当に克服でき、食べることが大好きになる。給食時間に"まほうのたべかた"で食べていくことのできる1年生だからこそ、空想と現実の間から力を得ることができると考えます。

授業の実施時期としては、4月の入学から1ヵ月ほどたった5月半ばぐらいからがよいように思います。それは給食の流れやルールをひと通り経験し、1年生としての学習も本格化してくる時期だからです。もちろん、おまじないを考えて自分で書くという活動もあるので、ひらがなの習得がひと通り済むまで待つという考えもありますが、そうすると、実際に"まほうのたべかた"を試せるのが夏休み直前になってしまいます。さらに5月半ばから実施するのには大きなメリットもあります。それはちょうどその頃から子どもたちが苦手とする、なす、ピーマン、トマト、ゴーヤーなどの夏野菜が次々と出てくるからです。

資料の準備

準備する資料は、①紙芝居と、②紙芝居から飛び出す『まほうのたべかた』の小冊子の黒板掲示用拡大版、③児童と教師に配る人数分の『まほうのたべかた』の小冊子です。②の拡大版は模造紙を使って、紙の裏表を貼り合わせて本のように開く形にします。そして貼り合わせたページの間にマグネットを挟み黒板に貼れるようにします（下写真）。③の配布用小冊子はp.51の展開図をB4の紙に印刷し、冊子状に加工します。それを茶封筒などにまとめて入れて、授業前に教卓の引き出しなどに隠しておきます。

では、次に指導案と私自身の展開例を紹介します。指導案は先の2人の先輩の先生方が考えてくださったものです。題材名は「まほうのたべかたでたべものとなかよし」。子どもたちの心にまほうがかかり、そのまほうから子どもたち自身が力を得ていくことを願う展開にしています。

『まほうのたべかた』
黒板掲示用拡大版冊子

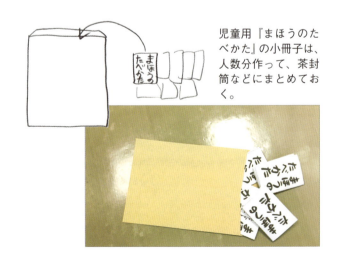

児童用『まほうのたべかた』の小冊子は、人数分作って、茶封筒などにまとめておく。

第1学年 学級活動（食に関する指導）指導案

指　導　者　○○○小学校
栄養教諭（T1）　担任教諭（T2）
活動場所　1年教室

1．題材名　まほうのたべかたで たべものとなかよし

2．本時のねらい

○"まほうのたべかた"をして、苦手な食べ物も食べられるようになりたいという 意欲をもつ。　　　　　　　　　　　　　（集団活動や生活への関心・意欲・態度）

3．食育の視点

・苦手な食べ物でも親しみをもつことができる。（心身の健康）

4．展開

	学　習　活　動 ・引き出したい子どもの反応	指導上の留意点(○)、支援(●)、評価(◇)、 T1（栄養教諭）、T2（担任）	教材・資料など
導入	①苦手な食べ物が何か、またそれをどのようにして食べているか考え、発表する。	○発表したことを板書し、苦手なものもがんばって食べていることをほめる。	・『にがてなたべもの』「たべかた」「たべものとなかよし」の板書（カードでもよい）

●とくに1年生では、これから行う授業のスタイルを確立したり、前の時間から場面転換をするため、授業の最初にこれから何の勉強をするのか、あいさつの中でしっかり予告しておきます。私（T1）のあいさつとやりとりの例を紹介します。

T1「これから食べることの勉強をはじめましょう」
児童「はじめましょう！」
T1「今日は、みなさんに2つのことを発表してほしいと思います。1つ目は『にがてなたべもの』です。もう1つはその苦手な食べ物が出たとき、どうやって食べているかという『たべかた』についてです。発表してくれる人はいますか？」
児童「ピーマンです。ちょっとだけたべます」→板書
　　「にくのあぶらです。のみこみます」→板書
　　（4～5人くらいに聞き、板書する）
T1「みんなすごいなぁ（拍手）。そんなふうにがんばっている、みんなのことを先生、自慢やわ～。これって、みんなが『たべものとなかよし』になるためにやっていることなんですよ」

		まほうのたべかたで たべものとなかよし		
展開	②紙芝居『まほうのたべかた』を見る。	○苦手な食べ物の多い児童も、本当はおいしく食べたいという願いに気づかせ、願いを叶える『まほうのたべかた』に関心をもたせる。		・紙芝居『まほうのたべかた』 ・黒板掲示用拡大版『まほうのたべかた』冊子

●子どもの反応を感じながら、ゆっくり・はっきり読み、紙芝居の世界に誘います。

T1「先生はもっともっとみんなが食べ物となかよくなってほしと思っています。今日はみんなを応援する紙芝居を持ってきたので聞いてくださいね」
（紙芝居を読む）

🔶ポイント

③の場面「本当は野菜が好きになって、
　　　　おかわりしたいなと思っていました」
T1（アドリブとして子どもに問いかける）
　「けんちゃん、好ききらいなくなったらいいのになぁと思ってはったんやね。みんなもそう思う？」

⑤の場面「『まほうのたべかた』には、どんなことが書いてあるか開いてみました」
T1（アドリブとして子どもに問いかける）
　「どんなこと、書いてあったと思う？」
児童「のみこむ」「へらしてもらう」「がまんしてたべる」など
　　口々に言うのを聞いてから……

黒板掲示用拡大版『まほうのたべかた』を掲示する。

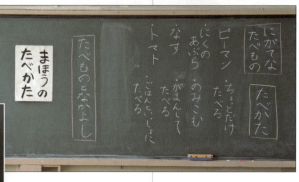

| 展開 | ●紙芝居の世界から飛び出してきた冊子はゆっくり開きます。

🔶 **ポイント**

❷のページ「りらっくす　りらっくす」
T1 （アドリブで）「はい、みんなもやってみよう。りらっくす、りらっくす（肩の上げ下げ、体くねくね、ニコニコ顔など）」
　※苦手なものを食べるとき、体は不安でこわばって緊張している。体をほぐし、心を開放することが、まずは大切。

❸のページ「こころのなかで　おまじない」
T1 （アドリブで）「四角のなかにおまじないを書くんだね。みんなやったら、どんなおまじない書く？　今、考えているおまじない、心の中で目をつぶって言ってみて！」
　※苦手なものを口にする瞬間は勇気が要る。その勇気を自分の中から出すために、自分オリジナルのおまじないは力になってくれる。

❹のページ「おしりピッタン　せなかピン」
T1 （アドリブで）「みんなもやってみて！」
　（一斉に子どもたちの姿勢がよくなる）
　※勢いのある姿、姿勢。姿勢をよくすると、食べ物の通り道が確保される。気持ちもシャキッとする。苦手な食べ物の多い子の姿勢は、心の表れか、悪いことが多い。

❺のページ「くちにいれたら　くちとじてかむ」
T1 （アドリブで）「みんなもくちびるをピタッと閉じてかんでみて！」
　※人体のしくみで、かむときにくちびるを閉じることで舌の側面とほほの内側の筋肉が動き、食べ物を奥歯の上にまとめてのせることができます。奥歯でかむことで、だ液とよく混ざり、繊維がほぐれて野菜のもつ甘みも感じられます。

展開	**▶ポイント**

❻のページ「耳をおさえて どんな音」
T1（アドリブで）「みんなも耳、おさえてみて。食べ物が入ったらどんな音がするのかなぁ。聞いてみたいね」
※味より先に音を意識することは、苦手な食べ物の概念を崩すことになり、体の内側から聞こえてくるさまざまな音の楽しさと心地よさがその食べ物の印象を好ましいものに導いてくれることがあります。

❼のページ「味をみつけて さあごっくん」
T1（アドリブで）「音を聞いているうちに、味もみつかる。みつけられたら、くちびるをしっかり閉じてごっくんと飲み込もうね」
※みつけた味を言葉にしてみることで、脳に記憶され、再度、その食べ物を食べるときに安心感をもたらします。

❸のページに戻り
T1「けんちゃんの書いたおまじないは、『やさいへいきカタブラ』です。最後に自分の名前も書きました」
（黒板掲示用拡大版冊子に赤チョークで実際に書く。同様に冊子の最後の❽ページに名前も書く）
※赤チョークで書くと、授業が終わった後で消しゴムで消すことができます。黒板掲示用拡大版冊子がくり返し使えて、作り直す必要はなくなります。また何よりも目の前で書かれることで臨場感が生まれ、紙芝居の世界の中に入り込めます。さらに子どもたちがこの後に取り組む、自分のおまじないを考える活動の示範になります。

ここで黒板掲示用拡大版冊子を閉じ、紙芝居に再び戻ります。
（❻の場面から紙芝居を再開）  |

展開	**ポイント**   ⑥と⑦の場面で ⑥「でもやっぱり急に野菜を好きになることはできません」 ⑦「おまじないの言葉どおり野菜が平気になってきました」 　※決して「好き」になったと言っていないことに注意。 　「そうして1年がたちました」 この3つを強調するように、ゆっくり・はっきり読みます。 紙芝居を終わりまで読んで、少し間を置いてから……。 T1「けんちゃん、よかったなァ……。あの『まほうのたべかた』、すぐに効き目があったんかなァ」 児童「うぅん、なかった」「すぐにはきかなかった」「がっかりしていた」 T1「野菜が平気になるまで、どれくらいかかったんかなァ」 児童「1年かかった」「それやったら、2年生になってしまうやん」 T1「でも、けんちゃん、『まほうのたべかた』続けてはったんやなぁ。それが、"まほう"やってんなァ」 児童「うん、まほうにかかった」 T1「つまり『まほうのたべかた』で、『たべものとなかよし』になったんだね」（板書に書いて整理する）		
	③『まほうのたべかた』を確認して、自分のおまじないを考える。	○『まほうのたべかた』の冊子（紙）を1人ずつもらい、自分をはげますおまじないを考えて書かせる。	・封筒に入れた、児童人数分の配布用『まほうのたべかた』小冊子

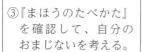

展開			

> 🟥 **ポイント**
>
> ここでいきなり教卓の引き出しに隠しておいた、『まほうのたべかた』の入った封筒をポンと床の上に落とします。
>
>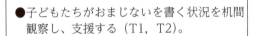
>
> T1「あれっ、何か落ちてる！」
> 児童「なに、なに!?」
> T1「何やろ……、中に何か入ってるわ！ いや～ぁ『まほうのたべかた』や」（と言って、全員に配る）
> 　　（子どもたちはびっくりして大騒ぎしている）
> T1「けんちゃんと同じように、『まほうのたべかた』を拾ったんだから、おまじないと自分の名前を書いて、自分の『まほうのたべかた』にしましょう」

●子どもたちがおまじないを書く状況を机間観察し、支援する（T1，T2）。

> 🟥 **ポイント**
>
> 　この時期の1年生は、ひらがなをまだ習得できていない子もいるので、字を書くことへの支援もあります。また好ききらいがなく、「書くことがない」という児童には、「そうか…、好ききらいがないのか…」と言いながら、「まだまだこれから食べたこともない、食べ物に出会うかもしれないから、その時のために考えてみたら？」と言うと、「はじめてのたべもの、おいしくな～れ」と書いてくれました。
>
> 　「『なす、すきになあれ』と書いて、すきになってしまったらどうしたらいいの？」という質問も出ました（別の食べ物にまほうが効かなくなってしまうことへの不安？）。「そしたら、おまじないを消して、新しいおまじないを書いてもいいんじゃない？」と言うと、「ずっと永久に使えるな！」と、うれしそうに言う子もいました。好ききらいの多い子どもが、この授業のときにはとてもいきいきしている様子が見られました。

◇『まほうのたべかた』に興味をもち、苦手なものも食べようとしている。（関心・意欲・態度）

まとめ	④『まほうのたべかた』を今日の給食でしてみようと思う。	○『まほうのたべかた』を継続してすることで、苦手なものも食べられるようになり、好ききらいが減って元気な体をつくることができることに気づかせる。	

> 🟥 **ポイント**
>
> 　全員がおまじないを書けたことを確認後、もう一度『まほうのたべかた』の冊子を開いて、使い方のシミュレーションをしました。

育ちを信じる啐啄食育

| まとめ | T1「それでは今日の給食のとき、『まほうのたべかた』を使ってみましょう。『まほうのたべかた』は、いつもお道具箱の中に入れて、給食時間に使うときは見てくださいね」
（おわりのあいさつをする）
T1「これで食べることの勉強を終わります」
児童「おわりましょう」
T2「それでは給食の用意をしましょう」 | | |

第1章

8. 板書

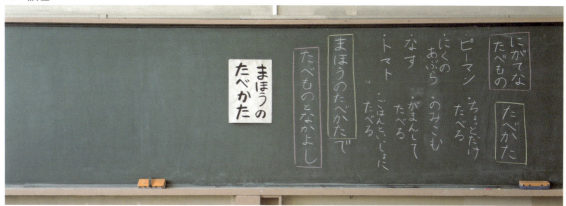

授業後の子どもの様子

　4時間目に授業をした後、子どもたちと一緒に給食を食べます。給食時間にさまざまな子どもの姿が見られました。

・給食当番の服を着た後、「あっ、そうだった！」と言って、『まほうのたべかた』をナフキンの横にお道具箱から出していました。すると「私も出しておこう」と、次々と机の上に『まほうのたべかた』が置かれました。

・「今日の給食、何が入っているかな……」と、給食カレンダーで材料や献立の確認をしに行きました。「やばい、今日、しいたけ入っている。どうしよう」。でもうれしそうでした。「しいたけ食べるし、見てて」と、席が前の友だちに声をかけると、前の子が「『まほうのたべかた』、開いたげるわ」と言って、めくっていました。『まほうのたべか

た』にそって口に入れてかむと「オェッ」となって、涙目になってしまいました。すかさず、前の子が「大丈夫、1年かかったら食べられる」と言って、励ましていました。

・「これ、家に持って帰りたい」という子がいたので、「いいよ～」と言うと、隣の子が「持って帰ったら、忘れんと持って来ないとあかんで。なぁ、先生」と言いました（笑）。

　子どもにとって、食べることが「どうせ食べられない」「残したら怒られる」というようなマイナスイメージから、「苦手なものがすぐに食べられなくても大丈夫」「自分で○○する」というように、自分を受け止め、「自分ごと」として捉えるように変化していく様子が感じられました。

がんばれ！きゅうしょくぼうや　59

上手くいかなかったこと

　1年生の5月半ば過ぎが実施するのによいタイミングと言いましたが、ある年は、日々の給食の様子を見ていて、指導する切迫性もそれほど感じず（そのときの1年生は給食を楽しみにしてよく食べていました）、また授業の実施を担任の先生に切り出すタイミングも何となく逃してしまったことがありました。でも「やっぱりやろう」と思い直し、自分自身ブレブレで授業をしたことがあったのです。すると子どもの反応も今ひとつで、『まほうのたべかた』を使って食べることも、いつもの年ほどには広がりませんでした。でも後で聞くと、それでも中には『まほうのたべかた』を大切に持っていた児童がいたというのです。「1人ひとりの子どもを大切にできていなかった……」。たとえ全体的によく食べているからといって、指導をおざなりにしてしまった自分の甘さを反省しました。

　さらに1年生の担任の先生の中には、静かにマナーよく食べることを給食指導の中心に考えている方もいます。「1年生という最初だからこそ、きちんとしつけることが大切である」。私もそれは大切なことだと思います。「給食時間は食べることの勉強をする時間なんだよ」と、子どもたちにも常に言ってきました。でも、この授業をした後、ある担任の先生が、「給食時間はいらないものは机の上に出しません」と言われたのです。それは授業と給食時間の切り替えをしなさいという意味だったと思うのですが、子どもたちはしぶしぶ『まほうのたべかた』をお道具箱にしまっていました。

　その姿を見て、完全に自分の落ち度だなと感じました。事前に担任の先生にこの授業のねらいや内容、趣旨を伝えきれていなかったのです。何も言わなくても、担任の先生方も一緒に『まほうのたべかた』の世界に驚き、楽しんでもらえるものだとばかり思っていました。もちろん今なら、そんなタイプの先生だからこそ、もっとこちらからコミュニケーションをとり、お互いに給食や給食時間の教育的な価値について語り合う努力をすべきだったと思います。私がそれを怠ってしまったため、本来、子どもたちにプラスの影響を与えられるはずの授業がうまく実を結べなかった。今でも心の中にある苦い思い出です。

　栄養教諭・学校栄養士が一石を投じて子どもの心の中に広げた波紋を、担任の先生方が引き継ぎ、さらに広げてさまざまな学びや育ちに発展させていく。それが真に担任の先生と連携することだといえるのでしょう。

ひと口をどのように食べるのかが大切

　この原稿をまとめていて、あらためて考えたことがあります。それは「はたして、この指導の目的は何だったのか」ということです。「好ききらい」という言葉をくり返し語っているうちに、私自身、そこに「好ききらいはダメなこと」といった決めつけがなかったか、そして「好ききらいをなおす」こと、つまり難しい言葉で言うと偏食指導を、私はこの取組の目的にしていたのだろうか。そう自問自答しました。

　率直にいうと、私が小学校時代に受けてきたのは偏食指導でした。「残したら怒られる」「残せない」中で食べていたのに、大人になって食べることが好きになりました。ここに自分の大きな落とし穴があるように思います。心のどこかに「とにかくひと口でも食べることが大切なのだ」という考えが確かにあるということです。しかし今、ここでもう一度伝えておきたいことがあります。それは、「そのひと口をどのように食べるのかが大切だ」ということです。『まほうのたべかた』は、偏食指導ではありません。「たべものとなかよくなる食べ方」を「自分で」することが目的なのです。つまり、たとえ苦手なものがあっても食べものとなかよくなろうとする自分を受けとめ、「自分が自分であって大丈夫」という自己肯定感を「食」という側面から高めることにつながっていくのだと信じています。

育ちを信じる啐啄食育④

おやつについて考えよう

対象：小学3年生

小学3年生でおやつをテーマに食の自己管理能力を養う

　かって、おやつの指導で、私には苦い経験がありました。おやつを書いたカードを黒板にはり、「体によいおやつ」と「悪いおやつ」を子どもたちに分けさせるという指導内容でした。「ジュースは悪い」「牛乳はよい」「アイスは悪い」「すいかはよい…、あれっ、すいかを食べておなかをこわしたからすいかは悪い？」。よいおやつ・悪いおやつの分け方をめぐって、教室の中は騒然としました。時間もたち、収集がつかなくなった私は、あわてて子どもたちを静かにさせ、「はい、今から先生がよいおやつと悪いおやつに分けますから、悪いおやつの食べ過ぎ、飲みすぎをやめましょう。わかったことをふりかえりの紙に書いてください」と進めてしまいました。

　一瞬、シーンとして、それまでキラキラしていた子どもたちの表情がなくなりました。私は背中に変な汗をかきながら、おやつのカードを、よい・悪いに分けていきました。授業後、ふりかえりの多くには「悪いおやつを食べないようにします」とだけ書かれていました。この経験がもとで、しばらくおやつの指導は避けていました。

　それから何年か立って、3年生の子どもたちとの会話の中で、このおやつの指導のヒントに出会うことができました。3年生ではその頃、赤・黄・緑の食品の3つのグループ分けを食育の指導で行っていたこともあり、子どもたちがしきりに「先生、この食べ物は何からできてるの、赤、黄、緑？」「これ食べたら、背が高くなる？」と、質問してきて、食品を分類することや、体内での働きに興味を持っている様子でした。それを見て、「『食べ物を役割ごとに分類する』というしくみをおやつの指導にもとり入れてみたらどうだろう」と思いついたのです。

　小学校中学年は、いわゆる「ギャングエイジ」ともいわれ、友だち同志の結びつきが強くなる時期です。おやつもそのときのコミュニケーション手段の1つとなっていることが放課後の様子からも見受けられます。さらにこの時期は自立のスタート地点でもあり、今まで以上に主体的でありたいという思いが子どもたちの中に強くなる時期といわれます。それらをふまえ、3年生でおやつの分類の仕方や、食生活の中での役割を示すことで子どもたちが自分の食べているおやつに着目し、おやつを食べるのか・否か、内容や量、いつ食べるのかという、いわばおやつをテーマとして食の自己管理能力を高めることができるのではないかと考えました。こうして生まれたのが、この指導です。

　『おやつっち』という、おやつの妖精のキャラクターに親しんでもらいながら、自分のおやつについて考える機会をもたせました。さらに担任の先生と一緒に授業を進めたことで、授業後は生活のさまざまな場面で、『おやつっち』のキャラクターが子どもたちの間に登場し、おやつを選ぶガイド役を果たしている様子も子どもたちの会話の中から伺えました。

　では、この授業をするにあたっての具体的な取組を準備の段階から紹介します。

事前の準備①
指導案をもとに担任の先生と協議する ～有効だったTT指導～

　教科指導、生徒指導、家庭との連絡…。担任の先生はいつも忙しくされています。初めの頃は、話しかけるのもついつい及び腰になりがちでした。食育の授業の提案でも、「時間さえもらえれば、こちら(栄養士)が勝手にやります」といったスタンスのときもありました。その方が、「お互い楽かも…」と思っていた時期さえあります。

　しかしあるとき、作った指導案を見ながら担任の先生とじっくり打ち合わせできる機会をもつことができました。「この場面はこうしてみたら…」「ここは私が子どもを指名して発表させましょう」など、お互いに意見を出し合って授業に臨んだとき、子どもたちの授業に向かう姿勢が違うことに気づきました。これは「自分たちのために先生たちが力合わせて授業をしてくれるのだ」と、子どもたちなりに感じとっているからではないかと思いました。また授業後、保護者の方から、授業の内容についての感想の声が、いつもに比べて多くあることにも気づきました。それ以降、もちろん指導内容にもよりますが、おやつや朝ごはんなど、子どもたちの家庭でのプライベートな食事に関わり、また家庭も巻き込んでいかないとなかなか解決が難しいテーマのときには、できる限り担任の先生と一緒に協議してTT指導をするようにしました。その際、私なりに会得したTT指導の授業づくりをスムーズにするポイントを次にあげます。

①指導日(授業日)を決めておく(年間指導計画を見ながら、○月の第○水曜日は○年○組といった具合に)。
②その指導日からさかのぼって、2週間～10日前くらいに、「○○先生、○月○日の指導について相談したいので、10分ほど時間がほしいのですけど、いつがいいですか？」と聞く。もちろん10分では済まないが(笑)、大概オーケーしてくれる。でも、そのためにはふだんからの日常会話や、子どもについて話をしていたりすると切り出しやすい。
→やはり日頃からのコミニケーションが大切デス。
③打ち合わせのときは、指導案とワークシート案を見せ、なぜその指導をしようと思うのか(指導案の中の題材設定の理由)、T2(担任)の役割、つまり、自分が「ここはこうしてほしい」と考えていることは漏らさず伝える。

　とくに最後の授業のまとめの部分は、担任の先生自身の言葉で子どもたちにメッセージを送ってもらうようにお願いしました。もし、自分が担任の先生の立場だったら、「最後のまとめを自分で考えて言ってください」と言われたら、「授業にちゃんと参加してなかったら、そりゃ～、まとめなんか言えへんなぁ…」といった気持ちになると思いませんか。そのように進めていくと、担任の先生は自分から「授業にしっかり取り組んでいこう」という気持ちを高めてくれます。それがまた子どもたちによい影響を与えるのだと思います。

TT指導について思うこと

　TT指導(ティーム・ティーチング指導)が実施されるように、しきりに小学校現場で推奨された時期がありました。TTとは、「複数の教員が役割を分担し、協力し合いながら指導計画を立て、指導する方式であり、チームの教員一人ひとりの特性を最大限に生かした体制で、単に同じ場所に複数の教員が配置されているということではない。それぞれの教員が分担する役割をしっかりと果たすことで成り立つ指導形態である」と、校内の研究会で学びました。それを自分が行う食育に当てはめてみると、教科書や指導書のない食育では「協力し合いながら指導計画を立て」という部分が、大切なことではあるものの、実際には困難だろうと思っていました。

　私が採用された35年ほど前は、栄養教諭制度もなく、大学で指導案の書き方を学んだこともありませんでした。「栄養のお話をします」とか「朝

育ちを信じる啐啄食育

ごはんの指導します」といったように、扱うテーマを担任の先生に告げるだけで指導していた時期も長かったのです。片や担任の先生方も大学の教員養成課程に食育はなく、「堀井先生に栄養のこと教えてもらえてよかったですね」と、最後に子どもたちに伝えて終わり…。といったことがほとんどでした。

でもTT指導の本来のねらい、つまり「協力しながら指導計画を立て」という部分に近づいていこうとする努力は、子どもたちの学びやその後の食生活に及ぶ影響、もっといえば担任の先生の食への意識の変容にもつながることを私は実感しました。直接食育には関係のない校内の研究授業にも積極的に参加して、「自分だったらこんなふうに指導してみたい」という視点を持てたり、事後研究会の場で発言し、また指導助言の先生から講評を伺うことも本当に勉強になりました。そして指導案の書き方や指導方法について教わったり、自分で本などで調べていく中で、食育の授業に応用できるヒントもたくさん見つかりました。職種は違っても、担任の先生と栄養士が教育の共同研究者として互いに肩を並べられるようになったとき、子どもたちへの教育効果はさらに高まっていくのではないかと考えます。

事前準備②
アンケートをとる

この指導のポイントは、子どもたち自身が普段、どんなおやつを食べているのかをふり返り、それを分類し、おやつについて考えていくことにあります。そのためにも授業前の事前アンケートは必須です。子どもたちのアンケートを授業の中で使うところに、この指導の最大の特徴もあるので、アンケートを確実に取ることがとても重要になってくるのです。

授業する2週間前にはアンケート用紙を児童数＋予備分の枚数を印刷し、担任の先生に渡します。授業を受ける日に、子どもたち全員が自分のアンケートを記入し終えて手元に準備しておいてもらうため、私は授業の1週間前という締切の前に、さらに1週間の余裕をもたせて渡していました。担任の先生に渡すときは、アンケートの記入例も一緒につけて、口頭でも簡単に説明しておきます。

学校事情にもよりますが、子どもたちに宿題にして持ち帰らせてしまうと、なくしてしまうことがあります。そして担任の先生には、「できたら、アンケートの記入は、どこかのすき間時間を使っ

児童用事前アンケートと記入例。おやつを8つ記入するのは、分析のしやすさと、おやつの「八つ」にかけて。
事前に一緒に担任の先生に渡す。

がんばれ！きゅうしょくぼうや 63

てやってほしい」と伝えます。そのとき、「堀井先生（私）の"食の学習"（食育の授業を、学校ではこんなふうに名付けていました）で使うアンケートです」と紹介してほしいこと、授業1週間前の返却では児童の名前が抜けていないかをしっかり確認してほしいとお願いしました。アンケート用紙は、この後の授業のワークシート（B4）につなげて使うため、B5サイズで印刷します。

事前準備③
アンケートを分析する

授業1週間前に担任から子どもたちからのアンケートを受け取ったら、分析するためにクラスの名簿用紙を担任からもらいます。そこに誰がどんなおやつを食べているか記録しました。もちろんコピーを取ってもよいのですが、経費の削減と節約、また個人情報でもあるので、授業後もずっと持ち続けるのはいかがなものだろうかという理由から、いつも手書きの記録にしていました。そのとき、子どもたちのおやつの品名や商品名を見ながら、『おやつっち』の分類もしておきます（『おやつっち』については後ほど説明します）。

実際には授業の中で、子どもたち自身が分類していくのですが、栄養の専門家として、原材料名や栄養成分表示などを見ながら、それぞれのおやつが、どの『おやつっち』になるのかあらかじめ判定していきます。「このおやつの成分は、砂糖と油が多く使われているので、『べたあまっち』やな…」といった具合に分類して、授業中に子どもたちに聞かれてもアドバイスできるようにしておきます。

実際、アンケートをとってみればわかりますが、栄養士が聞いたこともないおやつ（駄菓子のようなものなど）を食べている場合もあります。そんなときは、子どもたちの生活圏のスーパーやコンビニで実物を探したり、インターネットで成分を前調べしたりします。これは子どもたちのリアルな食生活を知ることにも役立ちます。

アンケートについて

在職中、数々のアンケートを子どもたちにとって来ました。とくに若年の頃は、「ちょっと聞いてみよう」と、気軽にアンケートをとっていたように思います。アンケートをとって、授業の最初で「1位○○、2位○○……」と、よく発表したものでした。

でもあるとき、時間がなくて、アンケートをとるだけとって終わりになってしまったときがありました。でも子どもたちは覚えていて、「先生、この前とったアンケートどうなった？」と聞かれたのです。まだ私が何も手をつけていないと知った、そのときの子どもたちの、「あ〜ぁ」「な〜んや」というがっかりした表情や空気を今でも忘れることができません。

大げさかもしれないですが、こうしたアンケート1つでも自分と子どもたちの信頼関係が結ばれていくような気がするのです。子どもたちと信頼を強く結んでいくためにも、アンケートをとって、それをどう子どもたちの生活に生かせるのか。つまり、授業にどう生かし、子どもたちの理解にどうつなげていくのか──。アンケートの紙一枚でも、私はおろそかにできないなと思います。

事前準備④
資料の準備をする

当日、授業で使用するワークシートは、このアンケートと連動させるように工夫をしました。まず子どもたちから回収したアンケートですが、返却する前におやつ回答欄の右端のラインで切り落してしておきます。授業ではワークシートを配った後、子どもたちに、返却した自分のアンケートをワークシートののりしろ部分の欄に合わせて貼り付けてもらいます。こうして、どの子も自分が日頃よく食べているおやつで、『おやつっちしらべ』の活動をスムーズに行えるようにしました。

次に黒板掲示用のアンケートの拡大版を用意します。授業では、導入部で『おやつっちしらべ』

ができるように、まず全員で例となるおやつを見ながら分類する視点をこちらからワークシートの書式にそって示します。全員で分類させるおやつについては、子どもたちがアンケートでよく書いていたおやつを入れ、またアイスやパンなど、どの『おやつっち』か子どもたちが迷いやすいものも入れておきます。アイスを例にとると、「『ガリガリ君』や『チューペット』のようなアイスキャンディーは『あまっち』だけど、『ハーゲンダッツ』のようなアイスクリームは『べたあまっち』になる」といったように、子どもたちにアドバイスします。

先に担任の先生方にアンケートを渡すとき、注意事項として「商標名を書いてください」と、あらかじめ念を押したのは、このように子どもたちが日頃食べるおやつを正確に分類するためなのですが、もう1つ理由があります。それは子どもたちの食への関心の度合いをみるためです。実際、子どもたちから返ってくるアンケートには、「アイス」「パン」「おやつ」などといった回答も多くみられます。とくに子ども自身の食への関心が低いときに、このような回答が多くなるように思いました。日頃から食への関心を高める取組を進めていく必要性もあらためて痛感しました。

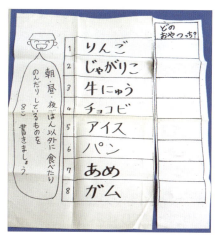

アンケートの拡大版を用意し、クラス全員で分類を考えるおやつを8つ記入しておく。

「学習の見通しカード」

ところで、担任の先生方の授業研究を見ていると、授業ですることを授業の最初に提示し、子どもたちに今日の授業は、どんなことをどの順番で行うのか、あらかじめ伝え、わかるようにする工夫がされていることがあります。これはLD、ADHDのある児童への支援から始まったということですが、すべての児童に有効な工夫だなと感心しました。

事前アンケートは授業用ワークシートと合体する。返すときはアンケート欄右端で切って渡す。

よく授業の最後に、子どもたちにふり返りをさせますが、そこに「今日は楽しかったです」とだけ書かれていることがあります。でも、それは見方を変えると「楽しかったけど、もうひとつ意味が理解できていなかった」ということと同じことではなかったか…。この「見通しカード」を出してから授業を行うようになって、私は強くそう思うようになりました。

6タイプの『おやつっち』と「おやつっちのすみか」

　前置きが少々長くなりました。いよいよ、この授業のメインキャラクター、おやつの妖精『おやつっち』の準備です。6タイプの『おやつっち』の絵と、『おやつっちのすみか』として、6つの『おやつっち』ごとに、含まれる成分や位置づけによって、おやつを分類してグループにまとめたカードを準備します(写真右参照)。

『おやつっち』からのメッセージ

　この授業では、最初に「おやつっちしらべ」をして、まずおやつの分類をしてから、「おやつっちからのメッセージをうけとる」という流れにしています。その方が、よりそれぞれの『おやつっち』たちの特徴がわかり、メッセージの内容が子どもたちの心に残るのではと考えました。そのためメッセージの伝え方にも工夫をしました。まずメッセージを「おやつっちのすみか」の紙の後ろに隠しておいて、そこから抜き出して後から見せるようにしたのです。仕掛けをイラストと写真で説明します。メッセージの具体的な内容については、次ページからの指導案の中で紹介します。

学習の見通しカード

6タイプの『おやつっち』と『おやつっちのすみか』

● 『おやつっち』からのメッセージのしかけ ●

裏の封筒は、表から見たときにメッセージが少し出る位置に貼っておくと、授業中スムーズに取り出せる。

第3学年 学級活動（食に関する指導）指導案

日　　時　平成28年10月26日（月）第5校時（13:50～）
指　導　者　○○○小学校
　　　　　　栄養教諭（T1）　担任教諭（T2）
活動場所　3年1組教室

1. **題材名**　おやつについて考えよう

2. **題材設定の理由**

　おやつの本来の意味は、1日3食で足りない栄養を補うことや、楽しみや息抜きなどの心理面を満たすことにある。またチョコレートの甘味、おもちや団子の粘り気、アイスクリームの冷たさなど、食事では味わえない味覚や食感の発達を助ける意義があるともいえる。好ましいおやつとは、1日3食の食事が規則正しく家族との団らんの中で取られ、リズムのある生活が営まれている場合に存在するといえる。しかし現実にはそのような食生活をおくっている児童は少ない。今回は、まずおやつの内容に着目し、自分が普段食べているおやつはどのようなものが多いのかを知り、おやつの内容を考えて選ぶことができるようにと考えた。おやつは食事と違って、選ぶことや残しておいて後から食べることなどに児童の主張が通りやすい。いうなれば、おやつ選びは児童の食においての主体性を表現する機会であり、その機会を通して健康な生活をおくるための自己管理能力を養うことにつながると考える。学年が上がるにつれ、おやつを自分で選択し購入する機会が増えていくだろう。そのときに自分の食べているおやつの内容を分類し、好ましいおやつの取り方を考えた経験が役立つと考え、この題材を設定した。

3. **児童について**

　3年1組の児童は、1年生の頃より残菜がなく、意欲的に食べる姿が見られた。給食時間に担任の豊かな食に関する語りかけの中で味わう力もつけてきた。それが今日まで継続している。中には、苦手な食材があったり、食が細いために食べ終わるのに時間のかかる児童もいるが、食べ残しはなく徐々に食べる力をつけてきた。食への関心も高く、食の学習や『給食室からこんにちは』のクイズ等にも興味・関心を示している児童が多い。

　本題材は、児童の身近な題材であり、普段の生活を見つめ、自分なりの目あてをもってよりよい生活を送る方法を見つけることができるのではないかと考える。

4．ねらい
　○自分のおやつの内容をふりかえり、好ましいおやつの取り方について考え実践しよう
　　とする。　　　　　　　　　　　　　　（集団の一員としての思考・判断・実践）

5．食育の視点
　・健康な生活を送るために好ましいおやつの取り方をしようとする。（心身の健康）
　・自分のおやつの内容をふりかえり、体によいおやつを選ぼうとする。（食品選択能力）

6．評価規準
　・自分のおやつの内容をふりかえり、好ましいおやつの取り方について考え、実践しよ
　　うとしている。　　　　　　　　　　　（集団の一員としての思考・判断・実践）

※指導案の体裁や項目の順番については、月刊『食育フォーラム』編集部の書式に揃えました。

大切な導入部

　事前準備が終わり、ここからが授業の展開となりますが、その前に授業で大切な導入の仕方について少し説明します。

　授業のはじまりのあいさつをして、子どもたちの手元には自分のアンケートがあります。ここで、これからなぜおやつについて考えようとするのか、この授業を受ける理由を手短に話すことで、おやつの授業に導き入れるようにしました。

　導入でいつも気をつけていることは「手短」ということです。45分間はあっという間に過ぎて行きます。長くて5分は過ぎないようにすることが、数々の失敗経験の中から学んだことです。

　私の導入例を紹介します。

導入発話例

　みなさんに、この前、朝・昼・夜ごはん以外に食べたり飲んだりしているものを8こ書いてもらいました。「1つ、2つ、3つ、4つ、7つ、8つ、やつ、やっつ、おやっつ、おやつ（①の「おやつ」のカードを出す）そうです。そこに書いてあるのは、みなさんのおやつです。「おやつ」と言う言葉は（Aのカードを渡す）江戸時代に2時から4時までの時間を「八つ時」と呼んでいたことから生まれました。

　江戸時代には1日2食だったため、朝から働いてきた疲れを取るために、だんごやいもなどをこの「八つ時」の時刻に食べたので、「おやつ」というようになったんですよ。

　（Bのカードを出す）そして、みなさんが5歳ごろまではまだ胃も小さくて、一度にたくさん食べることができないかったので、おやつの時間は「4度目の食事」ということで大切に考えられていました。

　さて、江戸時代でもなく、5歳でもない今のみなさんは、おやつを（C、Dのカードを出す）友だちと一緒に食べたり、「ちょっと何か食べたいなぁ」というときに食べたり、中にはおまけが欲しくて買ったりというようにしているんじゃないかな。

　だから今日は、その自分が食べている「おやつについて考えよう」（②のカード。①のカードにつなげる）という学習をしたいと思います。

（ここまで2分）

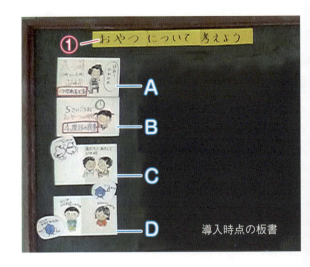

導入時点の板書

導入部で使用するカード

では、ここからは展開例にそって、授業の進め方を紹介していきます。

7．展開

	学習活動	指導上の留意点（○）、支援（●）、評価（◇）、T1（栄養教諭）、T2（担任）	教材・資料など
導入	①自分が普段食べているおやつの記録を用意する ②おやつについて学習する意味を知る ・昔、「八つ時」に食べたからおやつというんだなぁ ・小さいときはおやつの時間が決まっていたんだなぁ ・今の自分たちのおやつの食べ方とちがうなぁ	○事前におやつアンケートを実施し、授業の前に児童に返却しておく（T2） ○おやつには、「疲労回復（「お八つ」の言葉が生まれた江戸時代）」「胃が小さいため4度目の食事として時間を決めて食べる（5歳児くらいまで）」などの意味合いがあり、現在の児童らのおやつの意味合いとは違っていることをおさえる（T1）※p.68 導入発話例を参照	・事前アンケート（右端を切っておく） ・「おやつ」「について考えよう」カード ・おやつの説明の4つのカード

おやつについて考えよう

展開	③おやつについて考える流れを知る ・初めに『おやつっち』を調べるんだね ・次に『おやつっち』からのメッセージを受け取るんだね。どんなメッセージかな？ ・最後に自分のおやつについてふりかえるんだね	○学習の流れをカードに書いて示し、それぞれの場面で取り組みやすくする（T1） おやつっちしらべ おやつっちからのメッセージをうけとる 自分のおやつのふりかえり	・学習の見通しカード
	④おやつに多く含まれている成分や種類からおやつは分類されることを知る	○おやつの妖精『おやつっち』を紹介しながら、児童が食べているおやつの成分や種類に着目できるようにする。また具体的にはどのようなおやつを指すのかについても理解できるようにする（T1）	・『おやつっち』のカード
	・『あまっち』は、砂糖の多いおやつにいるよ ・『べたあまっち』は、砂糖と油の多いおやつだね ・『しおからっち』は、塩の多いおやつだね ・『べたからっち』は、塩と油の多いおやつだね ・『ほねっち』は、カルシウムの多いおやつだね ・『なちゅるさん』は、果物などの自然の食べ物だね	子どもたちがこのように理解できるようにするには、どのように『おやつっち』たちを見せていくのが効果的か考えるようにする（T1） 	
	⑤『おやつっちしらべ』をする	○おやつアンケートの拡大版を掲示し、『おやつっちしらべ』の具体的な方法を示す（T1）※次ページ「やりとり例」参照	・師範用に拡大したおやつアンケート（拡大版）

『おやつっちしらべ』の方法の説明

6タイプの『おやつっち』の紹介が終わったところで、学習活動⑤でのT1の指導「『おやつっちしらべ』の具体的な方法を示す」に入ります。ここも私の発話例を紹介したいと思います。

やりとり例　　T1：栄養教諭、S：児童

T1「では、今から1つ目の活動の『おやつっちしらべ』をする前に、黒板の大きなおやつアンケートで、『おやつっちしらべ』の練習をしてみようね」
　　「まず、最初の『りんご』のおやつっちは、だれかな？」
S　「りんごはくだものだから、『なちゅるるさん』じゃない？」
T1「なるほど、住んでる場所のおやつを見たら、おやつっちがわかるんだね」（『なちゅるるさん』と拡大版アンケートの横に書く）
　　「次の『じゃがりこ』はどのおやつっち？」
S　「じゃがりこなんて、どこにも書いてない」
S　「ポテトチップみたいなものとちがう？」
S　「それなら『べたからっち』になると思う」
T1「なるほど。似ているおやつを探すとわかるんだね。みんな、『おやつっちしらべ』上手だね」
・・・・・
T1「『アイス』はどうかな？」
S　「アイスは『あまっち』だ。アイスキャンデーって書いてある」
S　「でも『べたあまっち』にもアイスクリームって書いてあるよ。どっちなの？」
S　「『あまっち』と『べたあまっち』、両方でいいんじゃない？」
S　「先生、ふたつ書いてもいいんですか？」
T1「『おやつっち』は一人にしてください」
S　「食べた人が、どんなアイスか思い出したらいい」
T1「『ガリガリ君』だったら？」
S　「『あまっち』」
T1「バニラアイスだったら？」
S　「『べたあまっち』」
T1「やるなあ！みんな『おやつっちしらべ』の上級者だね」
・・・・・

というように、『おやつっちしらべ』の視点をはっきりさせるように子どもたちにやりとりさせて、よく考えたことを評価して、『おやつっちしらべ』の意欲に結びつけるようにします。

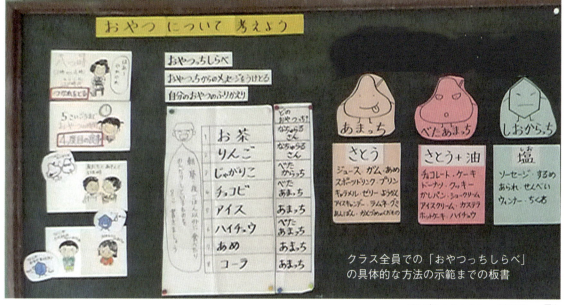

クラス全員での「おやつっちしらべ」の具体的な方法の示範までの板書

展開	自分のおやつの分類をする（5分）	●調べたおやつっちを記録することができるワークシートを配布した後、おやつアンケートの用紙にのりづけさせ、全員の用意ができたことを確認して5分間のタイマーをセットする。（T1・T2）	・ワークシート ・タイマー ・のり
	5分間でクラス全員が『おやつっちしらべ』ができるように、友だち同士でわからないところを教え合ったりする	○友だちの「おやつっちしらべ」を一緒に考えるときにからかいなどが起こらないように配慮する（T2） ○5分がすぎた時点で手を止め、まだ調べられていないおやつについて、全員で考え、「おやつっちしらべ」が、完了できるようにする。迷ったものは答え合わせをする（T1）	
	⑥「おやつっちからのメッセージ」を受け取る	○それぞれの『おやつっち』の生息地カードの裏からメッセージを取り出して、クラス全員で読みあげていく（T1） ●「おやつっちしらべ」の結果、多かった『おやつっち』だけでなく、ほかの『おやつっち』からのメッセージもよく聞くように声かけする。（T2）	・『おやつっち』からのメッセージ 『おやつっち』たちからのメッセージは、クラス全員でさらっと読むことで、子どもたちの心に残るようにします。

展開	・『あまっち』が多かった私はむし歯にもなりやすいんだな ・『べたあまっち』は、ごはんの前に食べないようにしよう ・1日3食しっかり食べていたら、おやつは食べていなくてもいいんだな ・『ほねっち』や『なちゅらるさん』は、体によさそうだな	○最後に『おやつっち全員からのメッセージ』も続けて全員で読む（T1） 	・『おやつっち』全員からのメッセージ 
	⑦「自分のおやつのふりかえり」をしてワークシートに書く。 ・『なちゅらるさん』は、元気な笑顔をとどけてくれるので、これからもお茶をのむようにしようと思う。 ・『あまっち』が多かったから、食べたら歯みがきをしてむし歯に気をつけたい。 ・あまりおやつを食べていないけど、ごはんをしっかり食べているから、これからもおやつをたべすぎないようにしたい。	○『おやつっちしらべ』をし、『おやつっち』からのメッセージを受け取って、おやつについてこれからもつづけたいことや気つけたいことをなぜそう思うのか、その理由とともに書けるようにする。 ○机間観察をし、参考となるふりかえりを発表させて、児童全員がふりかえることができるようにする。（T1・T2） 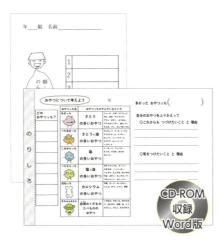	
まとめ	⑧まとめ	○児童のおやつのふりかえりをもとに、実践を応援する声がけや、おやつを選ぶことを通して、自分の生活をより良くしていく力がついていくというメッセージを送る。（T2）	

8. 板書

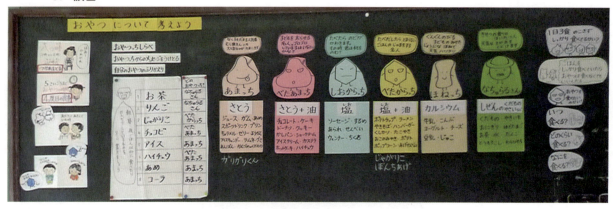

9. ワークシート（児童記入例）

10. 評価の実際

評価基準	
十分満足できる状況 （A）と判断できる子どもの 具体的な姿	○自分のおやつの内容をふりかえり、これからもつづけたいこと、気をつけたいことについて理由とともに考え、実践しようとしている。 ・『なちゅらる』さんは元気な笑顔をとどけてくれるので、これからものどがかわいたらお茶をのむようにしたい。 ・あまりおやつをたべていないけど、ごはんをしっかり食べて、おやつを食べるときは『ほねっち』や『なちゅらるさん』のようなおやつを食べて体を健康にしたい。
おおむね満足できる状況 （B）と判断できる子どもの 具体的な姿	○自分のおやつの内容をふりかえり、好ましいおやつを選ぼうとしている。 ・『なちゅらるさん』が多くて良かった。これからもなちゅらるさんを選んで食べていきたい。 ・ごはんの前に『べたからっち』を食べないように気をつけたい。
おおむね満足できる状況に 達していない児童への手立て	○ふりかえりの書けない児童には、多かったおやつっちのメッセージをもう一度読んだり、ほかの人の発表を参考にするように助言し、ワークシートに書くようにする。

担任の先生だからこそできる役割

　小学生の子どもたちにとって、一番の先生は担任の先生であると思います。なぜなら、その日一日のほとんどを共に過ごし、家庭とも強くつながっているからです。担任の先生方は子どもたちの姿を継続して捉えています。授業中の様子についても「休み時間のケンカがまだ尾を引いているな…」など、クラスや子どもたちのことを一番よく把握しているのは担任の先生方です。一方、栄養士は自校式でいくら学校で顔を合わせているとはいえ、授業で接するのは限られた機会だけです。でも、だからこそ子どもたちにとっては、新鮮さや「何をするのかな…」と言うワクワク感を持ってもらえ、その授業を楽しみにしています。

　とりわけ今回のおやつの授業のように、家庭の背景が関わってくるテーマを扱うときは、栄養士（T1）だけで授業を流してしまうのではなく、担任の先生（T2）が、タイミングよく自分たちの生活を思い起こしてもらえるように適切にフォローしてくださったり、さまざまな背景をもつ児童を気遣う発言をしてくださる役割をしていただくことで、子どもたちも安心して授業に取り組めるように思います。

　最後に担任の先生の口を通して送られるメッセージは、「学級活動」という時間の目的、つまり学級の子どもたちが好ましい人間関係を作ったり、よりよい生活を実践しようとする力を養うという願いをさらに推し進める役割があると信じます。

　授業が終わった後、クラス全員の『おやつっち』の分類結果をまとめ、学級だよりに書いてくださった先生もいらっしゃいました。

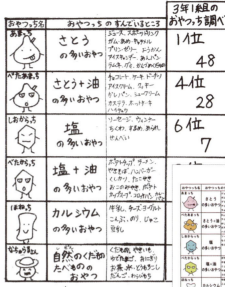

『おやつっちしらべ』のクラス分の集計をまとめた例。学級だよりで知らせてくれた。

　そして、こんなコメントも書いてくださいました。

担任より

　昨日の『おやつについて考えよう』という食の学習のアンケート結果です。授業の詳しい内容はお子さんより聞いてください。

　担任としては、『なちゅらるさん』が、私たちの予想よりも多かったことがうれしかったです。やはりお家の方々が、日頃から子どもたちの食について、よく考えておられることが伺えました。

　ちなみに『なちゅらるさん』さんからのメッセージは「季節の香りの配達人、元気な笑顔を届けます」です。3年1組の子どもたちも、いつまでもこうあってほしいと願います。

『おやつっちカード』の提供
〜さらなる定着のために〜

授業が終わった子どもたちから、早速聞かれた言葉は「今日のプリント、家持って帰りたい〜！」「『なちゅらるさん』が、かわいかった」「お母さんに、『べたあまっち』食べたら太るって教えてあげるわ」などです。『おやつっち』というキャラクターに、子どもたちがとても親しみをもったことがよくわかる感想でした。

また授業から数日後、給食にデザートが出たときも、「今日のフルーツ寒天は、『あまっち』やなって、子どもら言ってました」と担任の先生から教えていただきました。そこで考えたのが『おやっちカード』と『おやつっちサイコロ』です。

『おやっちカード』は、カードの表におやつの絵、裏にそのおやつの『おやつっち』のシールを貼って作りました。遊び方は、こちらからとくに指定しません。神経衰弱や、サイコロを振って出た『おやつっち』のおやつを正しく選んだら勝ちなど、子どもたちが休み時間や昼休みに自分たちでルールをきめ、工夫して遊べるようにしました。こうして子どもたちの生活の場に、『おやつっち』たちを落としていくことで、さらなる知識の定着や、子どもたちの行動の変容につながっていくと思っています。

おやつっちカード

CD-ROM収録 PDF版

表

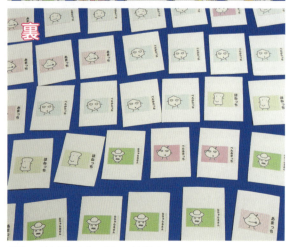
裏

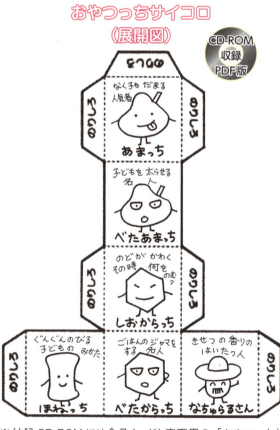
おやつっちサイコロ（展開図）
CD-ROM収録 PDF版

※付録 CD-ROM には食品カードと裏面用の「おやつっち」のワンポイントイラストが PDF が収録されています。ワンポイントイラストは市販のシール用紙に印字して切り、子どもたちに貼ってもらうとよいでしょう。なお分類が難しい食品（こんぶ、もち・だんご、スポーツドリンク）については、複数パターンのカードを用意しました。

育ちを信じる咀嚼食育 ⑤

おはしの学校

対象：小学2年生後半〜3年生

第一章

「はしの指導」私の場合

　京都市では1978（昭53）年4月より、年間17回の米飯給食が実施されました。その後、1984年（昭59）年に週1回、その3年後に週2回、そして2007（平19）年には週4回と回数が増えていきました。給食で使うはしは、スプーンと同様に学校で用意することも検討されましたが、予算等の関係もあり、京都市では家庭から持参する形になりました。はしの正しい持ち方の指導については、はしを持ち、使い始めるのが入学前ということもあり、当初は教職員の間でも家庭でのしつけという捉え方が多くありました。

　もちろん、学校でも掲示資料などで持ち方やマナーを示していましたが、授業時間をきちんととって、はしの指導を始めたのは、私の場合、2006（平18）年からです。もっとも、一番初めに私が行った、はしの指導は、正しい持ち方を教えることは飛び越し、『おはしのトライアスロン』と銘打って、「つまむ」「はさむ」「すくう」など、はしのいろいろな使い方を楽しく学ぶという内容で、3年生で実施しました。

　子どもたちはとても喜んで取り組みました。担任か

らも「おはしの持ち方が間違っていても、子どもたちがノリに乗ってやっていましたね！」と感想をいただきました。当時は前半のコメントはさして気にもかけず、私も子どもたちが楽しく取り組めたということでよしとしていたのです。

　おそらく私自身、小さい頃からはしを正しく持てていたので、「肉団子やさといもを突き刺して食べる」「掻き込み食べ」「煮魚への苦手意識」「ご飯つぶがうまくとれない」といった、子どもたちの食べにくさの原因に、はしの持ち方や、口までの運び方に課題があることに気づかず、無頓着であったのだと思います。

　そうこうしているうちに、低学年の先生から「子どもたちのはしの持ち方がおかしい」「ご飯つぶを手でとって食べている」「栄養のこともいいけど、先にはしの持ち方を教えてやって」と相談

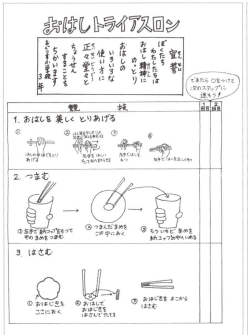
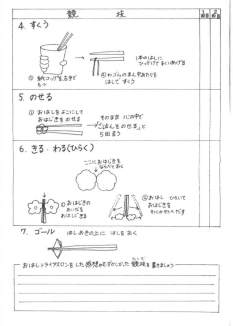

「おはしのトライアスロン」のワークシート

がんばれ！きゅうしょくぼうや

されるようになりました。こうしてようやく、はしの指導に取り組んでみようと腰を上げたのです。本当にダメ栄養士でした…。

理論の追究

はしの指導を進めるに当たって、自分なりに納得して取り組んでいくため、次の4つの視点からの理論的な裏付けが必要と感じました。

①そもそもなぜ、はしの指導が必要なのか
②なぜ上手に（正しく）持てない子どもがいるのか
③どうするとはしは正しく持てるのか。また、なぜそれが「正しい」とされているのか
④はしの歴史、とくに和食との関わり

もちろんそこまで深く考えなくても、はしの正しい持ち方を知っていれば指導はできます。しかし、私にとって指導する前に自分なりの問いをもち、その答えを導き出すために事前に理論を追究することは、自信を持って子どもたちの前に立つことができるだけではなく、指導中も子どもたちがどんなことで困っているのか、どの部分でつまずいているのかに気づけ、修正や対応がスムーズにできることにつながりました。これは、長年の経験や数々の失敗から学んだことです。こうして本で調べたり、自分で何度も試す中で得た気づいたこと、そして生まれた教材を、今回、紹介したいと思います。

なぜ、はしの指導が必要か

2013（平25）年ユネスコの世界無形文化遺産に登録された「和食」には、日本人が大切にしてきた食をめぐる心や多くの知恵が詰まっています。「はしの文化」もその一つと言えます。昔から伝えられてきたはし使いのマナーから、日本人がいかに美しく食事をすることにこだわってきたかを知ることができます。さらに刺身、煮魚、焼き魚、煮物、なべ料理など日本料理は「箸食料理」と言われ、先の細いはしだけで食べることを想定して発展してきました。「子どもたちが『和食』を守り、継承していくためにも、はしを正しく持ち、上手に使いこなしていくことは必要である」。それが「なぜ、はしの指導が必要か」という問いに、私が出した1つ目の答えです。

ところで、はしを上手に使うための基本は、「正しく、軽く持つ」ことにあります。「正しく持つ」にくらべてこの「軽く持つ」は見過ごされやすいのですが、はしを軽く持つことは手先や肩に無駄な力が入らずリラックスして食べることにつながります。「ストレスを感じずに口に運べるということが子どもたちの食べる楽しみにつながり、健やかな成長につながっていくのではないか」。それがこの問いへの私のもう1つの答えです。

実際に、私の指導の中では、軽く持つことを意識するために、はしをもつ前に肩の上げ下げや手のブラブラ、指をくるくる動かすなどをして手をほぐし、動きをなめらかにするステップを取り入れてみました。やってみると、はしの持ち方に課題のある児童ほど指先に緊張感があり、動きがかたいことに気づきました。その緊張感をうまくとってあげることで、子どもたちはさらに食を楽しめ、食べる力も伸びていくのではと考えます。

なぜ、正しく持てない子がいるのか

この問いには、「私はなぜはしを正しく持てたのか」と逆に考えてみました。そして自分の親に尋ねてみたところ、こう答えてくれました。

「あれは、いつごろやったかなぁ。もう忘れたけど、秀美（私）がおはしを持つってなったとき、よう指を『こうして、あ〜して』って後ろから支えて一緒に食べさしたりしたわ。おばあちゃんもよう秀美に教えたはったわ。うちの家はそんなにやいやい言わんでもみんなちゃんと持ってたから見よう見まねでだんだんできるようになったんちがうかなぁ」

この母親の思い出話の中に、いくつかカギとなるヒントがあるように思います。つまり、

育ちを信じる啐啄食育

- ・持ち始め　・手とり足とり
- ・家族で共にする食事　・三世代同居
- ・見よう見まね　・だんだんに（ゆっくり）
- ・親のはしの持ち方

などです。自分の経験をすぐ一般化するのは少し短絡的かもしれませんが、正しく持てないことの裏側にこれらが関係しているのかもしれません。

さらに正しく持てないメカニズムも知ろうと、「食具」「手の機能の発達」をキーワードに保育関係の本を片っ端から調べ、下の資料に出会いました。それによると、はしの正しい持ち方は、手の発達において最終段階であることがわかりました。資料のタイトルに「手の機能の発達と食具使用の目安～子どもの手先の発達にあわせて食具を使おう―」とあります。手の機能の発達によって、スプーン・はし・えんぴつの持ち方がどう変わっていくかが示されていました。離乳食の終わり頃になると、子どもたちは自分で食べ物をつかんで食べるようになります（最近、保育関係者から、手づかみ食べの大切さや、その期間の短い子どもたちが増えているという話を聞きます。汚れるのを嫌うあまり、早くからスプーンを使わせ始める傾向にあるようです）。子どもたちは食べ物をつかんで口に持っていく手づかみ食べを通し、食べ物の柔らかさ、温度など五感を育み、自分で食べたいという意欲を得ていきます。それが大人と同じようにスプーンやはしを使ってみたいという意欲にもつながっていくのです。

ここで私の思い出話にあった、「持ちはじめ」というキーワードが出てきます。最初の食具であるスプーンを、この資料の「動的三指握り」、いわゆる「ペンホルダー」で持てるように手が発達したときが、はしの「持ちはじめ」に適していると気づきました。手の発達には個人差があります。何歳になったから、はしを持たせるというのではなく、子どもの持ちたい気持ちと手の発達の段階が合い、正しいモデルがあれば、周りがやいやい言わなくても見よう見まねではしは自然と覚えていけると感じました。

そしてこれは退職した今、考えていることですが、はしの指導と合わせ、スプーンの持ち方が図

●手の機能の発達と食具使用の目安●
～子どもの発達にあわせて食具を使おう～

	手掌（てのひら）回内握り・回外握り（1～1.5歳）	手指回内握り（2～3歳）	静的三指握り（3.5～4歳）	動的三指握り（4.5～6歳）
	豆粒大のものを親指と人差し指でつまめる	親指と人差し指が伸びてくる	固定・操作といった指の役割分担が進む。手首が返る	親指、人差し指、中指で持ち、指先の屈伸ができる
スプーン	 手掌回内握り			
えんぴつ	 手掌回外握り			
はし	 手掌回内握り			

出典：鴨下賢一ほか（2013）『苦手が「できる」にかわる！生活動作の教え方』、中央法規、p.18　※一部改変。なお同書p.26には「箸」の章もあり、「1本の箸で刺して食べることから」始めるなど実践的なアドバイスも記されている。

の「動的三指握り」になっているかを確認し、できていない場合はスプーンの正しい持ち方や口への運び方についても指導・支援するステップを、はしの指導前に入れておくとよいと思います。

オリジナル教材「はしだま君」と「スポンジ君」の誕生

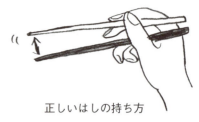

正しいはしの持ち方

　右上図が正しいはしの持ち方です。これを子どもたちができるようにするためにはどのように教えたらよいか、はしを持って何度開いたり閉じたりをくり返したことでしょう。担任の先生に聞いてみると、「2本のはしの間から中指が『こんにちは！』って見えているかと教えます」とか、「子どもたちの前で『上のはしだけ動かすよ』と言います」といったふうに、それぞれに工夫して指導されているようでした。その一方で、「なかなか直らない」「それより給食を食べさせるので精一杯」といった声も聞かれ、一度身に付いた自己流の持ち方を変えることの難しさを痛感しました。

　以前は、下のはしを動かさないことを実感できるよう、テープで指に固定する方法も考えてみました。でもやってみると違和感があったり、一人ひとりに貼る時間のことや途中でテープがはがれたときの対応のことなど課題も残りました。

　こんな「ああでもない、こうでもない」をくり返していたとき、ふと正しい持ち方では薬指と小指が軽く曲がった状態で下のはしを支えていることに気づきました。「この状態を作ればいいんだ！」と、いろいろなものを2本の指で持ってみました。ピンポン球だと大きすぎ、綿だとぺちゃんこになりました。ビー玉を持ったとき、「これより少し大きめだったら、子どもの手なら2本の指が軽くまがる感じになるな」とひらめきました。握っても凹まない硬さもよかったのです。ただ少し重いのが難点でした。そこで軽い紙粘土を買ってきて、ビー玉より少し大きめに玉を作ってみました。1つの粘土から50個ほどとれ、できたてすぐはふにゃっと潰れましたが、2～3日乾かすと、少し強度のある硬さになりました。

　紙粘土なので軽く、握っていることを忘れそうになるのもよい点でした。「これ、いけるかも！」とうれしくなって、その白い球に2つの黒い目と、赤い小さな口を描いてみました。全部に顔を描き上げると、100の瞳が私を見つめて

●はしだま君とスポンジ君の作り方●

子どもの手の大きさに合わせ（3年生：2.5×2×2cmくらい）紙粘土を切り出す。

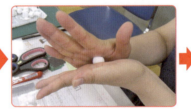
乾かないうちに丸め、2～3日置いてよく乾燥させる。

↑↓どちらもかわいい顔を描いて完成。

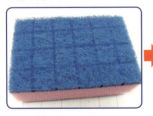
縦6・横4等分で線を入れる。

切り口がゆがまないように注意しながらスポンジを切り出す。

写真提供：猪瀬里美先生（埼玉県栄養教諭）

にっこり笑っていました。こうして生まれたのが「はしだま君」という教材です。早速、小指と中指ではしだま君を握り、はしを持ってみました。するとはしだま君を握らないときより、下のはしが固定され、上のはしの開閉が大きくスムーズにできるように感じました（後でその理由もわかりました）。

さらに、はし先を開いたり閉じたりをくり返しているとき、もう1つひらめきが生まれました。それが「スポンジ君」です。家にあったキクロンスポンジを四角くカットしてはしで挟んでみると、ちょうど上の研磨面と下の波打ち面がうまい具合にはしに引っかかり、つまむ動作の練習にぴったりです。「はしだま君と同じように顔も描いてみよう……」と、いたずら心が動きだし、今度は泣き顔にしてみました。できあがったスポンジ君をはし先に挟んで、はしを閉じたり開いたりすると、スポンジ君はウェ～ン、ウェ～ンとうれし泣きしているようです。こうして、はしの指導のオリジナル教材が誕生しました。

なぜそれが「正しい」持ち方なのか

はしの指導をしていて、子どもたちの自己流の持ち方を直そうとすると、「いいねん、この方が食べやすい」と拒否されたり、「誰がそれを正しいって決めたん？」とか「私の持ち方だってちゃんと食べられるから、私のも正しいんとちがうの？」と逆に質問されたりします。違う持ち方をする子どもたちにとって、間違っているということは、なかなか受け入れにくいことのようです。やはり「正しい持ち方にはちゃんと理由があるんや」と、子どもたちを納得させる答えが知りたいと思いました。

保育や発達についての書籍、はしに関する本をいろいろ読んでみましたが、なぜそれが正しいのかの理由は記されていませんでした。でも皮肉なことに退職後、「ペンの正しい持ち方と矯正方法【ペンだこが出来やすい人へ】」というサイトの記事（https://cumacuma.jp/eq/eq_index/

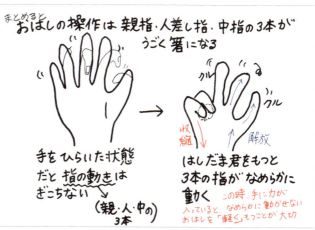

mochikata/）を読んでいたとき、その答えになる考えと出会うことができたのです。

鉛筆（ペン）と、上のはしの持ち方は同じです。そのサイトにあった「小指が働けば字は劇的に上手くなる」という見出しがすぐ目に飛び込んできました。記事では、『まっすぐな線が引ければ字はうまくなる』（高宮暉峰著，日本実業出版社）という本を参考に、小指を軽く「くっ」と曲げ、土台にする意識で筆記をすると、小指が支えとなるので、ペンを親指・人差し指・中指の3本で力いっぱい握らずにすらすら軽く書け、それが美文字につながると紹介していました。これはそのまま、はしにも置き換えられると思いました。

じつは筋肉のしくみには、一方が収縮するともう片方が解放される「連動作用」があり、手の場合、それが親指側の筋肉と小指側の筋肉に当たるそうなのです（上図）。つまり、「正しい」はしの持ち方をすると、小指は曲がって（収縮して）安定するため、親指側の3本の指がよりなめらかに（解放されて）動き、つまんだり、挟んだり、開くといった複雑な動作がしやすくなるのです。さらに曲げた小指は下のはしを受け止め、安定させる働きもします。このとき小指に力を入れる必要はありません。ペンのときと同じく「軽く、『くっ』と力を入れる」のです。これは、はしだま君を持つことでつかめる感覚です。じつは、はしだま君の教材を2011（平成23）年に研究会で紹介してから、多くの方からその効果についての報告を受けていました。今にして思うと、とても理にかなった教材だったのです。

この理論を知ったとき、何だか目の前がパーッと開けた気がしました。なぜその持ち方が正しいとされたのか、それはただ伝統だからとかいうのではなく、そこにきちんと理（ことわり）があったのです。私に「誰がそれを正しいって決めたん？」と言ってきたT君の顔がすぐ目に浮かんできました。でも、もう遅すぎました。私は退職し、目の前に伝えるべき子どもたちはいないのです。はしだま君の教材も、考えた当初は作り方や指導についての簡単な紹介だけでしたが、こうして今、自分の実践をふり返ってまとめる中で、こうした理論面を含め、読んでいただく方の参考になればと願っています。

はしの歴史と和食、そして紙芝居

さて、小学校ではしの指導を行うときは、幼児期の持ち始め期とは異なり、正しい持ち方だけではなく、歴史や文化的な側面にも目を向けることが大事だと思います。多国籍化する現代の食生活において、はしを通してこの国で昔から大切にされてきた食文化である和食を守り、受け継ぐ気持ちを育てていけると感じているからです。そこで大いに参考になった本として、『箸』（一色八郎著，保育社，1991）、『箸づかいに自信がつく本』（小倉朋子監修，リヨン社，2005）を紹介したいと思います。一色氏の『箸』にこんな一節があります。「日本人の一生は箸に始まり、箸に終わる」。お食い初めから骨拾いの場まで、はしは日本人とともにあります。はし先には神様が宿るとされ、正月の祝箸、料理専用の菜箸、神事での箸の使われ方なども知ると子どもたちに伝える内容も深みを増します。発達段階を踏まえながら、機会を捉えて子どもたちがはしの歴史や文化について学ぶ場づくりをしたいと思いました。そこで2～3年生の子どもたちの発達段階やはしを正しくもちたいという意欲づけになるよう考えて、『おはしの学校』という紙芝居を作りました。

●紙芝居『おはしの学校』●

①

『おはしのがっこう』

作 堀井秀美

おはしの学校がありました。
おはしの勉強のはじまりです。
ベルが鳴ると、色とりどりのはし箱から
おはしが出てきました。

②

ハシモトハシコ先生が言いました。
「今日は、みなさんと
おはしの良い所について話し合いましょう」
「ハイ！ハイ！」
たくさんのおはしたちが手を上げました。
（ぬきながら）
まずはじめに
ハシガミ君が言いました。

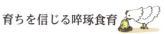

③
「日本では、今から1300年も昔からおはしが使われています。ぼく、おじいちゃんに聞いたんだけど、はじめのおはしはこんなふうに竹を折り曲げた形をしていて、神さまに食べものをお供えするときに使っていたんだって。だから日本ではおはしを昔からとても大切にしてきたんだって」
「へぇーっ、すごい！」おどろきの声が上がりました。
「私たちおはしが大切にされてうれしいです。ほかにも大切にされていると気がついたことはありませんか？」
ハシモトハシコ先生がおはしたちにたずねました。
すると……

④
「家族全員が自分のおはしをもっているよ！」
「長さもいろいろ、すてきなもようや かわいい絵がかいてあるのもあるよ！」
「はし箱っていう、すてきな家もあるね！」
「きれいに洗ってもらって、はし箱に入るとき、さぁ、次のごはんのときもガンバロウ！って思うよ！」
おはしたちはニコニコ顔で次々に言いました。
「じゃぁ、次におはしが役に立っていることはどんなことがありますか？」
ハシモトハシコ先生もニコニコ顔でたずねました。

⑤
「ハイ！ あつあつのおなべから食べものをとることができます」
「冷たいものも熱いものも、おはしてできたてを口に運んで食べることができます」

⑥
「うどんやラーメンなどは、めんだけをおはしですくって食べることができます」

⑦
「お茶わんのあちこちにちらばった
ごはんつぶは
おはしの先を使えば、
よせて集めてきれいに食べることができます」

⑧
「おはしの先が細くなっているから、
骨がついている魚も、身を切って、ひらいて
骨のまわりの身をはずしたり、骨をつまんでとったり、
手をよごさずにおはしだけで食べることができます」

そう言って、ハシタロウ君は魚の骨だけのこった
お皿を見せました。
（さっとぬく）

⑨
「すごいよー！」
おはしたちは大こうふんです。
「こんなにきれいに食べられたら作った人は
大よろこびだよ！」
「ごはんや魚だってよろこぶと思うな！」

「それもあるけど、食べる人も
みんなからすごいって言ってもらって、
食べることがもっと楽しくなるんじゃないかな」

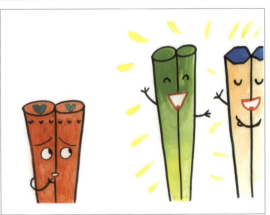

⑩
「ぼくたちって本当に役に立っているね」
教室の中は、おはしたちのうれしそうな声で
とてもにぎやかになりました。

ところが、
その中で1人、悲しそうな顔をしている
おはしがいました。ハシミさんです。

一体、どうしたのでしょう？

育ちを信じる啐啄食育

第一章

⑪
「みんな、さっきから『おはしは人間の役に立って大切にされている』って言っているけど、おはしを正しく持てない子どもたちがたくさんいるんだよ。その子たちは、ごはんづぶもきれいにとれないし、魚だってうまく骨をとって食べられないからキライって言ってるわ。給食のおはしだって持っていくのを忘れるし、おはしのことなんかどうでもいいと思っているのよ」
そう言って、ハシミさんは泣き出してしまいました。
ハシミさんの言葉を聞いて、ほかのおはしたちもションボリしてしまいました。

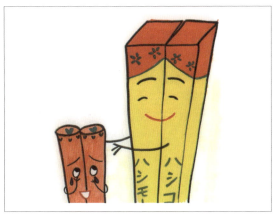

⑫
そのときハシモトハシコ先生が静かに言いました。

「ハシミさん、よく言ってくれました。
あなたは、いつも子どもたちの食べるようすを
よく見ていました。
それは子どもたちを心配するやさしい心が
あるからですね」

「大丈夫、今からでもおそくありませんよ」

⑬
「子どもたちにおはしの正しい持ち方と使い方を
練習してもらいましょう。
まちがっている人は、すぐにはできないかも
しれないけれど、きっと子どもたちは
がんばってくれると思いますよ」

※ここで一旦、紙芝居を終わり、子どもたちに
　「みなさん、どう？ おはしの正しい持ち方を
　がんばってみましょうか」とたずね、授業の続きに入る。

⑭
「子どもたちがおはしを上手に使って、
楽しく食べることが
食べものや作る人のよろこびにつながるように
私たちおはしは架け橋になっていきましょうね」

そうしておはしの学校の勉強は続いていくのでした。

おしまい

はしの指導は何年生で行う？

はしの指導といっても、もちろん持ち方だけでなく、マナー、文化などさまざま。また毎日の給食でも、ご飯つぶをとる、魚の骨を外すなど実践もしています。では特活の学級活動の時間を使って、授業ではしの指導を行うのは、いつがよいのかについて最後に少し考えてみたいと思います。

私が参加していた、京都市学校給食研究会では、献立や栄養管理など7つのグループに分かれて、京都市の学校給食の発展を目指して研究を進めてきました。その中で私は「食の学習グループ」に入っていました。そこでは摂食指導の1つとして、はしの指導を3年生で行うことを提案しています。少し長くなりますが、その理由を下に引用します。

私自身、はしの指導を1，2，3年生で行った経験があります。この理論と照らし合わせると、確かに1年生では、全体指導で授業を行うのには限界を感じていました。言葉で説明して伝えることがあまりうまくできないことや、子どもたちの理解力の問題、また言われたように手指を操作できる力もまだ育っていない子が多いように感じます。参観日に、保護者の方に自分の子どもの横についてもらい、指導をしたという他校の実践も聞きましたが、私の勤務していた学校は参観日に保護者に来てもらえることが少ないところでしたので、それも望めませんでした。同様の理由で、2年生の前半もだめでした。

しかし、2年生の後半で、また理論どおり3年生で取り組んだとき、子どもたちの理解力や操作できる力が格段に育っていると感じました。とくに私は3年生目前の2年生の2〜3月頃が指導

●はしの指導は何年生がふさわしいか●

箸を使いこなすことは、幼児期（2，3歳）の段階で習得できる能力の1つです。また、箸は、どの学年でも給食時間に使用しているので、なるべく早い段階で正しい使い方ができるように、児童に働きかけることが大切です。しかし、だからと言って、1・2年生を対象に箸の動かし方について、学級活動での1時間の設定で授業を行うことは難しい面があります。

それは、一斉指導で行う際、抽象的な説明を児童が理解する必要があること、児童自身が一度身に付けた自己流の箸の持ち方を客観的に捉えつつ、さらに習得すべき箸の持ち方との違いを比べながら、自分の持ち方を修正して箸を使いこなすという動作化につなげていかなければならないからです。箸の持ち方について、言葉による説明に加え、視覚的に理解できる方法も取り入れて工夫することで、箸の正しい使い方を7割以上の子どもが身に付けることを目指す取組を考えると、指導時期を3年生以上とするのが望ましいと言えます。

それは認知機能獲得の特徴として、中学年が具体的操作から抽象的操作へと移り変わる時期であるといわれていることと、さらに、3年生が「9歳の壁」とも言われる、認知機能の壁を越えて自分を客観視し始める時期（ピアジェ「3つの山問題」などを参照）であるからです。

授業では、抽象的な説明に加えて、具体的な操作による理解を深める活動の場面を設定することで、箸の持ち方に興味をもち、楽しみながら活動に取り組み、箸の持ち方を習得することができるのではないかと考えます。指導を進める際、抽象的操作へと移行していない児童については、個別に具体的な支援を行う手だても必要となると考えます。

京都市学校給食研究会・食の学習グループ（2013）「『なぜ、箸の指導を3年で行うのか』について」より。編集部にて用字・原文を一部修正。

をするのに適していると思っています。この時期の子どもたちには、「もう自分たちは低学年ではなくなる。だからできるようになりたい」という意欲のわき上がりを強く感じるからです。

　さらにはしの指導に適した季節のこともあります。春はなんだか学校中がソワソワ、夏は暑い、秋は行事がたくさんあって落ち着かない……。はしの持ち方を含め、じっくり自分と向き合うのは冬が一番適しているように思います。もっと言えば、曜日や時間のこともあります。ベストは火・水・木の2時間目です。月曜日は落ち着かない、金曜日は疲れてる、1時間目は全員そろわないし、朝の会次第で時間も押す。3時間目は中休みで興奮しているし、4時間目は空腹。5時間目はゆるみと眠気で集中力が持たない……。以上の理由で2時間目。また午前中に授業をすると、学んだことをその日の給食ですぐに試すこともできます。もっともこの時間は、集中力の要する国語や算数など主要教科がすでに入っていることが多いので、担任の先生に早くから予約しておくことが必要です。

　それでは実際の指導の紹介に移ります。

第3学年 学級活動（食に関する指導）指導案

　　　　日　　時　平成29年2月
　　　　指　導　者　○○○小学校
　　　　　　　　　　栄養教諭（T1）　担任教諭（T2）
　　　　活動場所　2年教室

1．題材名　おはしの学校 ―おはしを正しくもとう―

2．題材設定の理由

　低学年の児童の給食時間の様子を見ていると、はしが上手に使えていないことが、食べるのに時間がかかる要因の1つになっている児童が多いことに気づく。はしでうまく適量を口に運べない、ごはんつぶをきれいにとれないなど、食べることに時間がかかるだけでなく、食べることが苦手になってしまっている児童も見受けられる。また、煮魚が苦手な児童の中には、はしが上手に使えないために、魚の身をとり、骨をはずすことが面倒だからと感じている場合がある。それらの児童は少なからず、はしを正しく持てていないことが多い。しかし、中にははしを正しく持っていなくても時間がかからず食べることができ、煮魚大好き、食べることが大好きな児童もいる。

　昔、日本の家庭では、はしを美しく持ち使うことがとても大切と考え、子どもたちにしっかりとはし使いを教えたものだといわれているが、近年「おいしく食べられれば、はし使いはそんなに気にしない」というように、はしの持ち方に無頓着であったり、無理に直さなくてもよいとする風潮も感じられる。ユネスコの世界無形文化遺産に登録された「和食」には、日本人が大切にしてきた心や多くの知恵がつまっている。『はしの文化』もその1つである。昔から伝えられてきた『はし使いのマナー』から、日本人がいかに美しく食事をすることにこだわってきたかを知ることができる。刺し身、煮魚、焼き魚、煮物、鍋料理など日本料理は箸食料理といわれ、はし先が細いはしだけで食べやすいように発展してきた。切る、ひらく、つまむ、すくうなどの複雑な動作をスムーズに行えるのが、古来より正しいとされてきたはしの持ち方である。学校給食を通し、和食が栄養のバランスに優れていることや、日本の食文化を伝えるうえで、和食を楽しんで食べられるよう、はしの正しい持ち方や上手な使い方の習得は欠かせないと考えられる。はしを上手に使いこなすことは、「和食」を伝承する力になるとも言える。

とはいうものの、はしの持ち始めからこれまで続けてきたはしの持ち方を容易に変えることは難しい。修正をするには、子どもたち自身の心の有り様やメタ認知がカギとなると考えた。今回、3年生にさしかかる2年生後半ではしの指導を取り上げた。2年生後半の児童の多くは学校生活に十分慣れ、教室での勉強や友だちとのかかわりに安定感をもち過ごしている。さらに「もうすぐ3年生」というように自分たちは次のステージに進むのだという期待や好奇心が旺盛になる様子が見られる。やがて来る3、4年生が知的発達の特徴として、自己を客観視する力がつく時期であり、はしの持ち方の写真や言葉の説明をたよりに自分のはしの持ち方を客観的にとらえ、評価や修正ができるのではないかと考えたからである。

本時では、紙芝居により、はしのすばらしさを知り、はしを正しく持ちたいという気持ちをもたせたい。そして「はしだま君」「スポンジ君」「きんときまめ」「はしの持ち方を示した写真」を用いて、はしの正しい持ち方を楽しく体験できるようにした。その体験を入口としてはしを正しく持ち、食事を楽しむ意欲につなげたいと願っている。

3．児童について
（省略）

4．ねらい
○はしの働きと正しい持ち方を知り、正しく持って食べようとする意欲を持つことができる。　　　　　　　　　　　　　　　　（集団の一員としての思考・判断・実践）

5．食育の視点
・はしの働きについて関心を持ち、食事の大切さを知る。（食事の重要性）
・正しいはしの持ち方を知り、正しく持って食べようとする。（社会性）

6．評価規準
・はしの働きと正しい持ち方を知り、正しく持って食べようとする意欲を持っている。
　　　　　　　　　　　　　　　　　　　（集団の一員としての思考・判断・実践）

※指導案の体裁や項目の順番については月刊『食育フォーラム』編集部の書式に揃えました。

7．展開

	学 習 活 動 ・引き出したい子どもの反応	指導上の留意点(○)、支援(●)、評価(◇)、 T1(栄養教諭)、T2(担任)	教材・資料など
導入	①「おはしの学校」で学ぶことと勉強内容の項目を知る ・おはしの学校って、どんなのかな？ ・まず、始めはおはしの話だね。 ・正しい持ち方を習うんだね。	おはしの学校 おはしの話 はしだま君をつかって おはしを正しくもつ スポンジ君をつかって おはしではさむ力をつける きんとき豆をつかって おはしで上手にはさむ ふり返り	・『おはしの学校』カード ・学習の見通しカード ・赤の矢印か赤の大マグネット（「学習の見通しカード」の横に貼り、現在行っている学習活動を示す）

育ちを信じる啐啄食育

	・おはしではさむ力もつけるんだね。 ・豆が上手にはさめるかな。 ・最後はふりかえりをするんだね		
展開	②紙芝居「おはしの学校」を見る。 ・ハシモトハシコ先生が楽しいな ・おはしは日本で大切にされてきたんだね ・おはしは役にたってるなあ。 ・おはしを正しくもちたいな。	○紙芝居の途中場面でとめて、児童におはしの正しい持ち方を練習しようと持ちかける  (児童の同意を得て次の課題に進む)	・紙芝居「おはしの学校」
	③「おはしの学校」の勉強道具を受け取る。 ・かわいいなあ！ ・どんなふうに使うのかな。楽しみだ。	○さわらずによく観察するように言う  	・『おはしの勉強道具』（はしだま君、スポンジ君、金時豆をジッパー付袋に入れたもの） ・はし一膳（児童用） ・指導者用 はし（上のはし：赤、下：青） 
	④はしだま君を使っておはしを正しく持つ。 ・手をブラブラさせるとリラックスするなあ。 ・はしだま君を小指と薬指でかるくはさむんだね。 ・はしだま君をはさんでいない指は親指、人差し指、中指だ。	○手の写真・指導者の動作・児童の気づきの言葉・児童の動作を一致させる。 ●肩の上げ下げ、手首ブラブラ、手のひら開閉をさせる。 ○袋からはしだま君だけを出すように言う。手の写真を黒板に提示し、はしだま君をはさむ指、はさんでいない指に注目させる。 ●左利きの手の写真もあわせて提示する。 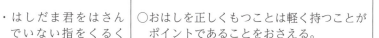	・はしだま君 ・手の写真（右手・左手両方） ・指導者の動作
	・はしだま君をはさんでいない指をくるくる動かすのは、力を抜くとできるよ。	○おはしを正しくもつことは軽く持つことがポイントであることをおさえる。	・手の写真（右手・左手両方） ・指導者の動作

がんばれ！きゅうしょくぼうや 89

展開	・おはしを一本持つと、えんぴつの持ち方ににてるよ。 ・でもおはしは上の方を持ってるよ。	○「くるりん法」で1本のおはしを持つ方法を伝える	・手の写真（右手・左手両方） ・児童用はし1本 ・指導者用さいばし1本（赤色） ・指導者の動作

「くるりん法」

① はしだまくんをにぎる

② 1本のおはしを手前むけて机の上におく

③ おはしの半分より少し上を親指と人差し指でつまんでもち上げる
このわっかが大切
児童

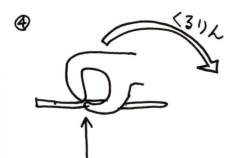
④ くるりん
手首をくるりんとかえすとしぜんに中ゆびがおはしの下にそえられる.

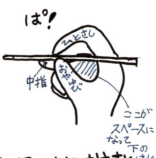
ぱ！
ひとさし
中指
おやゆび
ここがスペースになって下のはしを入れやすい.

正しくもてない児童は親指が力が入って反っていることが多く下のはしをさしこめるスペースがない。かるくもつということができる（スペースができる）と正しくもちやすい。

	・はし先を下げるのは人差し指の指紋のついているところでおはしを下へ押す感じだね。 ・はし先を上げるのは中指の爪の内側をに上げる感じだね。 ・どちらも親指はあまり動いてないね。	○はし先の上げ下げが確認できたら、指導者の「うさぎとかめ」の歌に合わせてはし先の上げ下げをさせる。1本で練習するとよいことを伝える。	・手の写真（右手・左手両方）

展開	・もう1本のはしをもつと中指の指紋のついているところがはしとはしの間に見えるよ。 ・下のおはしは親指の間を通ってはしだま君を持ってる指の上にあるよ。 ・おはしの先はそろえるんだね。	○下のはしを入れ、はし先を合わせ、正しい持ち方を完成させる。 ●正しく持てていない児童にとって難しいポイントでもあるので机間観察し、個別指導が必要な児童に援助する。（T1・T2）	・児童用はし2本 ・手指導者用さいばし2本 （赤色…上、青色…下） ・手の写真 （右手・左手両方
	・おはしを持っていない手でおはしを持っている手首の近くをそっと握ると上のおはしだけ動かせるよ。	●うまくできない児童には、補助的にはしを持っていない方の手で手首近くを握らせる。（T1，T2）	
	・おはしを持っていない手をはずしたら難しいな。 ・おはしが正しく持てたよ。	○上のはしだけ動く感覚を全員で確かめるために指導者の「こぎつね」の歌に合わせて閉じたり開いたりさせる。	
	・赤いおはしだけ動くのが正しい持ち方だね。	○指導者用さいばしでもう一度おさらいの動きを見せてふり返る。 ○がんばって練習したことを評価する。（T2） ◇はしの正しい持ち方をしようとしていたか。	
	⑤スポンジ君を使っておはしではさむ力をつける。 ・おはしの先に力をいれるとスポンジ君が泣いているよ。 ・おはしの先が開いたり閉じたりしてつかめるんだね。 ・上のおはしが動いてるよ。	○場面転換するために、はしだま君を袋にしまい、スポンジ君だけを出すように言う。 ○スポンジ君をおはしでつまみあげ、はし先を閉じるとスポンジ君が泣くことから、はし先が開いたり閉じたりするのは上のおはしの動きでできることに気づかせる。指導者の『七つの子』の歌に合わせて、スポンジ君を泣かせる。 ●「スポンジ君」をうまく挟むことができない児童には、はしを持っていない方の手で手首の近くを握ると、上のはしだけを動かして「スポンジ君」を挟んで泣かせられることを伝える。（T1・T2）	・スポンジ君 ・手の写真 （右手・左手両方）

展開	⑥金時豆を使っておはしで上手にはさむ。	○場面転換するために、スポンジ君を袋にしまい、金時豆だけを出すように言う。同時に1人2個の紙コップを配る。 ○紙コップを肩幅の広さに拡げて左右に置き、金時豆を1つの紙コップに入れ、おはしでつまみ上げてもう一方の紙コップに移すことを1回として、「はじめ」の合図から、「やめ」の合図まで何回移せるか、しゃべらずに心の中で数を数えるように言う。時間は1分～2分程度だが、様子を見て「やめ」の合図を出す。 「しゃべらないで静かにやります。カップの中の金時豆をおはしで挟んで、もう1つのカップに移します。うまくできたら1回です。『やめ』の合図までできた回数を心の中で数えてください」 ○集中してできたことを評価する（T2）	・紙コップ（小）1人2個 ・金時豆
まとめ	⑦ふり返りをワークシートに書き本時のまとめをする。	○金時豆を袋にしまい、おはし・紙コップを回収してワークシートを配る。 ◇自分のはしの持ち方をふり返り、正しく持って食べようとする意欲が持てたか。 ○机間観察の中で目にとまったふり返りを発表させる。 ○最後に紙芝居の続きを読み、おはしの学校がこれからも続いていくことを伝える。今日の学習の記念におはしの勉強セットをプレゼントする。	・ワークシート ・紙芝居「おはしの学校」

授業のワークシート

8. 板書

9. 評価の実際

評価基準	
十分満足できる状況 （A）と判断できる子どもの具体的な姿	○はしの正しい持ち方を知り、しようとしている。さらにはしを大切にし、正しく持って食べていこうという意欲を持っている。（行動・ワークシート） ・はしの持ち方の中でそれぞれのポイントとなる点に気づきつぶやいたりしながら実行しようとしている。 ・はしは日本で大切にされてきたから、私も正しくもっておいしく食べていきたい。これからも『おはしの学校』でいろいろ勉強したい。
おおむね満足できる状況 （B）と判断できる子どもの具体的な姿	○はしの正しい持ち方を知り、しようとしている。さらに正しく持てるように練習しようとしている。（行動・ワークシート） ・はしの持ち方をそれぞれのポイントで実行しようとしている。 ・はしは正しく持つのはむずかしかったけど練習したい。
おおむね満足できる状況に達していない児童への手立て	○はしの正しい持ち方を実行しようとしない児童には、すぐにできないことがあってもかまわないことを伝え、活動そのものを強制したりせず、楽しい雰囲気で進めながら、援助し励ますようにする。ワークシートが書けない児童には、紙芝居の中で好きだった場面を思い出すように助言する。

「啐啄同時」とはしの指導

　授業の後、「先生！今日おはしを正しく持てました！」とうれしそうに伝えに来る子どもたちがいます。まさしくそれが学ぶ子どもの状態と教える内容とが一致する「啐啄同時」であると言えるでしょう。教える側の人間にとって、それは本当にうれしいことであり、若年の頃は、そんな子どもたちの姿に一喜一憂していたものです。

　また逆にはしを上手く持てずに授業が終わってしまったとき、「なぜできないのか」ではなく、経験を重ねていくと、「1回でできなくて当然なのだ」といった心構えもできてきました。それは学ぶ側の子どもの気持ちや状態（発達）は、それぞれ違っていて、教える内容とその子の状態がまだ一致していないということがわかってきたからです。だからこそ、授業中にできなかったとしても、その子が再びはしを正しく持ちたい、練習したいと願ったとき、「はしだま君」や「スポンジ君」「金時豆」、そして授業内容をふり返ることができるプリントが手元にあれば、その子どもの「啐啄同時」につながるのではないかと信じています。この授業で、『おはしの勉強道具』として児童一人ひとりに教材を準備し、授業後に個人持ちにしているのは、そうした理由からです。

　かって「そんなにたくさん、はしだま君やスポンジ君を作るのは大変だ」と言われたことがあります。紙粘土を買ってきては、時間のあるときに

ひたすら丸めたものです。「先生がぼくたちのために作ってくれたんや！」。授業の中で、そして授業の後で子どもたちが自分のはしだま君やスポンジ君に愛着を持っている様子が見られました。今となっては、あのひたすら丸めていた時間がとてつもなく幸せな時間だったと思い出されるのです。

「左手箸」をどうするか

「左手箸」つまり、左手ではしを扱うことは、はしについての本の中でも「直すことが望ましい」と書かれていることがあります。和食の配膳やマナーが右手ではしを持つことを前提に決められているからという理由です。昔は右手で持つよう矯正されたという方も多かったと思いますが、今は左利きもその人の大切な個性として積極的に認めていこうという時代です。実際、私が指導していたときでも授業の最初に子どもたちにたずねると、多いときで1クラス30人中、7人が左手ではしを持っていると手が上がりました。ときにはサラッと「右手でおはしをもてるようにできたら練習しようね」と声をかけたこともありましたが、授業では左手用の手の写真を用意して左手箸の子どもたちも授業に参加できるようにと考えました。

しかし、いつも心のどこかで左手箸は直した方がよいという考えと、目の前の子どもたちの間で決めかねないで揺れていました。伝統と今の考え方の折り合いをどうつけていくかはなかなか難しいなと感じています。とはいうものの、左手用の写真については、今は便利なパソコンソフトがあるため、右手用に撮影した画像を左右反転してさしかえるだけで作れます。手間もかからず、文明の利器に随分と助けられました。

『おはしのもち方プリント』（右利き用・表）

「そうして『おはしの学校』の勉強はこれからも続いていくのでした……」

紙芝居『おはしの学校』の最後の一文です。子どもたちが「和食」の担い手として、そして生涯にわたって「食」についてのことを大切にできるようになるために、はしを通して伝えるべき事柄はたくさんあります。ただ年間を通して、食育の授業ができる時間は限られています。つい、「あれも言わなきゃ」「これも伝えたい」と盛りだくさんにした結果、子どもたちの活動の時間が減り、内容の多さに子どもたちが消化し

育ちを信じる啐啄食育

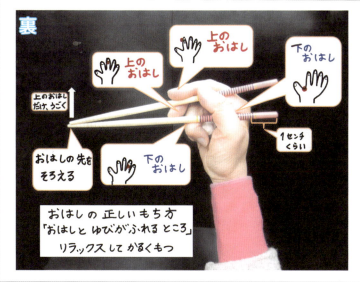

『おはしのもち方プリント』（右利き用・裏）と画像を左右反転して作った左利きの子ども向けプリント（表）

第一章

きれずにすぎてしまう……。私自身、そんな指導をよくしていたものです。

授業の題材名を『おはしの学校』としたのは、そんな反省がもとでした。「今日の『おはしの学校』の勉強はおはしの正しい持ち方です。次のランチルームでは、『おはしの学校』でおはしのマナーについて学びましょう」というように、『おはしの学校』をシリーズ化し、資料も作りました（第四章「がんばれ！きゅうしょくぼうや」2月資料pp.158～162参照）。献立内容に合わせて給食時間で指導をしたり、学校生活のさまざまな場面を活用したりすることで、おはしの勉強が無限に広がっていくのだと思います。最後にこうした『おはしの学校シリーズ』の例を紹介します。

● 『おはしの学校シリーズ』の例 ●

・気をつけよう、やってはいけないおはしのマナー
・はしおきは、何のため？ 美しいはしの取り上げ方、置き方
・ご飯の食べ方、ご飯つぶの取り方（白飯献立に合わせて）※右上図参照
・骨付き魚の上手な食べ方（煮魚献立に合わせて）
・汁物のいただき方（みそ汁・すまし汁に合わせて）
・世界のいろいろなおはし（中国・韓国・日本）
　※ランチルームで展示
・はしの出てくることわざ（掲示物にして）
・はしを置く場所・向き（配膳の仕方）
　※右下写真参照

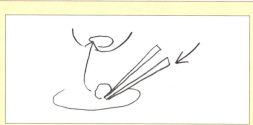

ご飯は茶わんを持ち、はしを斜めから入れてすくい上げて口へ運ぶというはしの軌跡を簡単な絵で示しながら実際に全員で食べてみる。

ランチルームでの学習用に管理用務員さんが手作りしてくれたはし置き（詳しくはp.35）

がんばれ！きゅうしょくぼうや

育ちを信じる啐啄食育 ⑥

ふじお君とビタミンC

対象：小学6年生（卒業前）

卒業生に贈る言葉

2月も終わりに近づくと、「もうすぐ卒業だな」と6年生たちを見るようになります。3月の献立も卒業祝いの手作りソースのとんかつ定食（京都市では素材を生かした手作り給食を大事にしていました）があったり、6年生の思い出に残る献立をできるだけ入れるようにしていました。給食室でも「6年生にとって最後のカレーだから、おいしく作らんとあかんな」とか、「最後のうどんやから、のびないうちに食べさせたい」という声が調理員さんの間からも聞かれるようになります。

私も若年の頃から、卒業祝いの献立と一緒に手作りのメッセージカードを添えたり、中学生になってからの食事に気をつけることや、弁当の作り方のリーフレットを作って6年生に渡すというようなこともしてきました。

今回、ここに紹介しようとする取組は、卒業する6年生に「食」に携わってきた人間として、どんなことをメッセージとして贈ろうかと探りながら考え、実践した内容です。しかしふり返ってみても、まだ自分自身でも成功したとか完成した形にはなっていない、まだまだ発展途上の稚拙なものです。もしかすると「これが食育か？」と思われてしまう方もいるかもしれません。でも、それをあらかじめ承知いただき、私の迷いや試行錯誤も含め、参考にしていただけたらと思います。

学童期の食事の特徴

東京家政大学教授の倉田澄子先生が「味と科学～一生付き合う自分の味覚～」という記事を『婦人之友』2005年5月号に発表されています。そこには、人間は「10歳頃に味覚を含む五感を司る脳の部分がほぼ（90％以上）完成されます」と書かれていました。そして資料として添えられていた「人の一生と味覚」という図には、一生のうち、それぞれの年代で味覚の役割がどのように変化していくのかも示されていました。この図に私は大きなインスピレーションを受け、人の一生のそれぞれの年代において「食」が果たしている固有の役割があるのではないかと考えるようになりました。

私たちが学校で毎日向き合う子どもたちは、学童期にあたります。この時期、つまり小学校の6年間はいろいろな味や料理を食べることで、味覚の幅が広がり、毎日の食の積み重ねが「食」についてのその人の考えや向き合い方、つまり「食事観」が形成がされる時期ではないかと考えました。だからこそ、家庭や学校での「食」に関わる活動や「食」を取り巻く場（環境）が大切なのです。保護者向けの試食会や教職員と共通理解を図る場で、倉田先生の記事から次ページの「大切な『食べること』」という資料を使って伝えてきました。

小学校時代に味覚の幅が広がり、よい食事観が形成できると、子どもたちが大人になったとき、よりよい食卓環境を作ることができ、幸せになれるのではないか、そしてそれがまた次の世代に受け継がれていくのではないか…。私はそう信じました。そのためにも、とくに小学校では、この資料の中の図1のお母さんの姿を子どもたちが目指す将来像として共通理解し、そこに繋がるためにこのお母さん側の体験や学習ができるようにする取組が大切だと伝えてきました。

6年間の食育で、よい「食事観」は作られたのか

　小学校時代に味覚の幅が広がり、その人の食事観が形成されるのだと考え、日々取り組んでいると、自然とそのことが果たして達成できているのか、それを評価したいと思うようになります。

　たとえば、味覚の幅についてなら、低学年のときには苦手だった食べ物でも学年が上がるにつれ、「好き」とまではいかなくても食べられるようになっていく様子や、日々の給食の喫食量、そして一緒に食べたときの食べっぷりなどから評価できるでしょう。

　では、「食事観」については、評価ができるものなのでしょうか。

　多くの人は、たとえば学校給食週間などで児童が書いた作文や調理員さんへの手紙などに表れた感謝の気持ちを、「食事観」として評価できると思われるかもしれません。しかし私は、そのことと、子どもたちが自分の中に作り上げた「食事観」は少し違っているような気がずっとしていました。小学校を卒業するときに、子どもたちがよい食事観をもって巣立つことこそ将来につながるものだと信じていた私は、何かその食事観を直接評価できる方法があるのではないかと思っていたのです。また、それが今回紹介する取組を始めた、そもそものきっかけでした。しかしながら、その考えはやがて私の大きな勘違いであったと、取組を積み重ねていく中で気づかされていったのです。

資料　●大切な「食べること」●

倉田澄子（2005）「味と科学〜一生付き合う自分の味覚〜」,『婦人之友』第99巻5号 pp.48-51 をもとに筆者の見解（●以下）も入れた。

0歳

・本能的に、甘みと苦みがわかる

● 生きるために食べる（飲む）とき

おっぱいやミルクをいやいや飲む赤ちゃんはいない。飲んでねて、また飲んで……。赤ちゃんは飲むのが仕事。生きるために一生懸命ミルクを飲む。

1歳

・塩味・油のうまみがわかる

● 食べるためにかんだり、のみこんだりの練習をするとき（5ヵ月くらいから）

はじめはすりつぶしたり、ドロドロから始まって、少しずつ「かむ」「のみこむ」の練習をしていく。1歳半くらいになると、かたいものを歯でかんでのみこめる。

3〜5歳

・味覚のベースができあがる、大人のまねをして食べる（3歳）
・言葉と食べ物と味がつながる。「自我」の芽生え（4〜5歳）

● 食べ物と味と言葉がつながるとき

いろいろなものを食べていく中で、好きなものときらいなものができていく。ただし、何らかの理由できらいなものが強く固定され、食卓から遠ざけられてしまうと、小学校で好ききらいで困難を抱えてしまうことが多い。

10歳まで

- 五感がほぼ完成
- このころまでの味の記憶が一生のベースになる
- ●食べて味を覚えて広げるとき

いろいろな味、食べ物を食べて覚える。苦手なものでも、ひと口でも食べることが大切。

6〜12歳（堀井付記）

●食べることについての考えをつくるとき

「食べることって大切だな」「残したらもったいない」「準備も後片付けも自分たちでしよう」「味わうことが楽しい」など、日々の給食に加え、教科横断的に「食」について学ぶ機会が多くあり、その場を通して考えがつくられていく。

図1 子どもたちが目指すべき大人像とそのために学童期で体験させたいこと

中学校〜（堀井付記）

●食事観をつなげていく時期

たとえば時間があるときに自分の食べるものを作ったり、選んだりという経験の積み重ねが食の自立につながる時期ではないかと考える。自我は確立しているが、まだ教育的な働きかけも十分できるので、生徒の実態に身近な情報や機会を用意することがカギになるのではないか。

20代〜

- 新しい味や料理に挑戦し、経験が増える
- ●新しい味に挑戦するとき

10歳ごろまでに食べた味をもとに新しい味に挑戦する。好奇心や知的な関心が強く、また子ども時代にいろいろ食べてきた人が、新しい味もおいしく感じやすい。

老齢期

- 幼い頃の味覚に戻り、10歳頃までに経験のあるものを食べようとする
- ●子どものころに覚えた味に戻るとき

年をとると、10歳ごろまでに食べておいしいと思っていた味を食べようとする。つまり10歳ごろまでにいろいろな食経験をした人が、結果的にまんべんなく栄養がとりやすく、生涯、食を楽しむことができる。

紙芝居『ふじお君とビタミンC』

教育心理学などで唱えられる、発達段階の4つの区分では、小学校高学年は、最終段階の「形式（抽象）的操作期」になります。これは「もし自分だったら○○する」といったように、具体的な現実や事実に縛られることがなく、言葉を用いて抽象的・形式的に考えることができるようになる時期とされます。この「自分だったら○○する」といった子どもたちからの回答を通して、子どもたちの「食事観」を評価できるのではないかと考えて作ったのが、この『ふじお君とビタミンC』という紙芝居です。では、そのお話をこれから紹介します。

● 紙芝居『ふじお君とビタミンC』(前半) ●

育ちを信じる啐啄食育

第１章

『ふじお君とビタミンC』

作・絵 堀井秀美

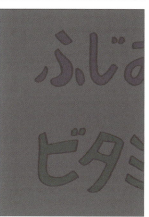

① -a
（半分開けて）

ふじお君は、野菜がきらいな男の子です。
家ではまったく野菜を食べないし…

（全部ぬく）

① -b

給食でもこっそりかくれて
野菜のおかずを残していたのでした。

そして、ふじお君は
「この世の中から野菜なんて
消えてなくなってしまえばいい」
と思っていました。

②

そんなある日、
ふじお君は学校の栄養士の先生から
「野菜には、ビタミンといって、ふじお君の体の調子を
整えてくれる栄養素があるんだ。ビタミンの中でも、
ビタミンCは、かぜの予防にとても役立つんだよ」と
聞きました。
「ふ〜ん、ビタミンCか……」
ふじお君は、かぜを引きやすい体だったので
ビタミンCのことが少し気になりました。

がんばれ！きゅうしょくぼうや　99

④
その夜、ふじお君は夢を見ました。
ふじお君が寝ている枕もとに女神さまが立っていて
ふじお君にこう言うのです。
「ふじお君、いつも野菜が食べられなくて
困っているようね。
でもこれからは、そんな苦労をしなくてもいいのよ。
このビタミンCを忘れずに飲んで。
でもね、1つだけ注意が……」
そこで、ふじお君はハッと目が覚めました。
「あ～あ、あの夢が本当だったらいいのになぁ」

⑤
そう思いながら、朝ごはんを食べようと
起きて台所に行くと
ふじお君はビックリぎょうてんしました。
何と、テーブルの上にあの夢と同じビタミンCが
あったのです。

ふじお君は、
「ゆうべ、ぼくの夢に出てた女神さまは、
お母さんだったの？」と言いました。

⑥
お母さんは、ニコニコして言いました。
「何を寝ぼけたことを言ってるんです。あなたが
野菜をちっとも食べないことで、お母さんはもう
あなたにいやいや言うのに疲れました。
昨日、薬局でこんないいもの見つけたのよ。
キャベツ2個分のビタミンCですって。
ふじお、あなた、これを1つ飲めばキャベツを2つ
食べたのと同じなのよ。どうしてこんないいもの、
早く見つけなかったのかしら。今日から、これを
毎日1つずつ飲んで行きなさい」

⑦-a
ふじお君は、毎日がルンルンです。
もうきらいな野菜を食べなくてもいいからです。
いやいや食べていたときのことを思い出すと、
何てムダなことをしていたんだろうと思いました。

――ここでお話を切って、アンケートに入る――

紙芝居を一旦止めて

　ここで紙芝居を中段し、右のようなアンケートを配ります。

　そのときに子どもたちに指示することは、①名前を必ず書いておくこと、②AかBのどちらかを選ぶこと（「どちらも選ばない」「両方選ぶ」はなし）、③なぜそれを選んだか理由を書く、という3つです。それはA・Bの立場のどちらを選ぶか、またそこに書かれている理由から、その子のもっている「食事観」の一端を見ることができると考えたからでした。

　ランチルームでの給食時間の後半10分間を使って、紙芝居の前半部の提示と、このアンケートを書く活動をしました。そしてアンケートはランチルームの時間が終了したときに回収しました。

　6年生ともなれば、給食の準備も食事も比較的スムーズに行えるので、全員がアンケートを書いて出すところまで時間内に行えます。もう年齢的に紙芝居など興味がないのかと思えば、そんなことはなく、久しぶりに見る紙芝居に予想外の集中。その後のアンケートも自分なりに考えて記入する姿が見られました。

友だちの「食事観」にふれる

　回収したアンケートを見ました。はじめてこの取組をしたときの結果は、「A:野菜を食べずにビタミンCを飲む」と答えた児童が半分ほどいました。その年はあまり満足のいく取組ができていなかったので、「やっぱりな…」と思いましたが、A・Bともに子どもたちがアンケートに書いた理由を人数分すべて、誤字、脱字も含めてそのまま書き写したプリントを作りました。そしてもう1つ個別に子どもたちが書いたアンケートを貼り付け、私からのメッセージも添えた「食事観ちょっと診断」というプリントも作り、その2枚を次の2回目のランチルーム指導の時間に返したのです。

紙芝居の前半部分終了後に記入するアンケート

　2枚のプリントを受け取った子どもたちは、熱心にほかの友だちの書いた理由を読んでいました。「私の書いてある！」とか「ふ～ん」といったつぶやきが聞こえてきましたが、不思議と「これ書いたの誰？」といった詮索する声はありませんでした。もしこれが、「よい食事観の人」「もうちょっとの食事観の人」といったように分け、何人かの意見をピックアップして載せていたら、書いた内容よりも「誰が書いたか」が関心の的になったことでしょう。

　そして、もう1つの私からのメッセージでもある「食事観ちょっと診断」のプリントの方は、さらっと読んで終わりという、あっさりしたものでした。この後も何年か、同じようにこの取組を続けたのですが、子どもたちの反応は似たようなものでした。もちろん、学校での6年間の食の取組を進めていくうちに、「A:野菜を食べずにビタミンCを飲む」を選ぶ割合は減り、「B:やっぱり野菜を食べる」を選ぶ児童は増えていきました。しかし、ゼロになることはありませんでした。

　そのうちに、「私は一体、何をしているのだろう…」という気持ちがフツフツとわいてくるようになりました。子どもたちの「食事観」の変容を評価しようと思ってはじめた取組なのに、結果的に何

クラスみんなの食事観 ― 6年2組 ―

A. 野菜を食べずに ビタミンCをのむ

- ビタミンCが あるから 食べなくてもいい.
- 野菜を食べなくてもいいから、野菜をたべなくても栄養になるから
- 何もせずに キャベツ食べる事になってるし、給食で キャベツ2個分出てこないから
- いくら 努力をしても 野菜は たべれないから
- キライな野菜を 食べなくても すむんやったら、この別にまずくないし キライでも ない ビタミンCを 飲むほうがいい！(^o^)/
- らくやから
- ムリに キライなものを 食べた方が ストレスが たまって 病気になるから
- 野菜は 毎日食べないから
- やさいが きらいだから…… (きゅうりはすき)
- 野菜がキライなら食べるのがつらいから、ラクなビタミンCをのむ方が良い
- ビタミンCをのんだほうが、ふつうに食べるより いいと思う
- 野菜ぎらいでも ビタミンCをのんだらいいから.

B. やっぱり 野菜を食べる

- ビタミンC だけなら 体がわるくなるから (くすりだけじゃ ダメ)
- ビタミンC 以外にも 取らなあかんビタミンがあるから.
- いろんな野菜を いっぱい食べたら ビタミンCより栄養がとれると思う♪
- ビタミンCは いいと思うけど、ふつうに野菜をたべたら もっとビタミンがあると思ったから
- 苦手なものを そのままにしておくのは、いけないことだから
- ビタミンCばっかりのんでいると、キャベツ2個分だけどそればっかりのんでいると ちがう野菜も食べれたいし 体がへんになると思うから.
- きらいな やさいも たべなあかんから、ほかのビタミンも とらなあかんから.
- ビタミンCが レタス2個分だからといって のみ続けると まったく野菜を食べなくて、病気になるから
- あのビタミンCは「キャベツ」しか入ってないので かたよった野菜の栄養に しないために 他のも 食べる.
- きらいな 野菜もあるけど 好きな 野菜もあるから
- 本当の野菜の味や 食感が わからないし、ずっと野菜が食べられないままだと いやだから
- 野菜に はいっている えいようは ビタミンCだけじゃないから、野菜をたべて いろんな 栄養をとって けんこうになるから Ⓑ にしました.
- 野菜を 食べないと 大人に なった時、野菜が食べれなくて 困るから

「食」について 考えよう

学校　6年_1_組　名前 _____ さん

卒業まで あと少しとなりましたね.
6年間 食べてきた給食とも お別れの日が近づいて来ました. この6年間、学校で 家でくりかえし食べてきたことで あなたの体は 成長しました.
そしてもう1つ 毎日の「食べ方のつみかさね」が「食べることについて どんな考え方をしているか」という食事観(しょくじかん)を 作りました.

あなたの 食事観 は……

6年_1_組名前(　　　　　)

もし、あなたが「ふじおくん」なら、どうしますか？

A. 野菜を食べずに ビタミンCをのむ
　その理由 (_____)

B. やっぱり 野菜を 食べる
　その理由 (野菜は、あまり きらいでは ないし、野菜は、おいしいから.)

食事観ちょっと診断…

A (野菜を食べずに ビタミンCをのむ)をえらんだ人…
あなたは、できれば 自分がいやなことから にげたい… と思っているんじゃないかな.

理由で…
栄ようがあるから… あなたは まわりの人から よく「栄ようがあるから 残さず食べ!!」と言われてきた人ですね. サプリメントを利用することになりやすい人です. 気をつけて!!

おいしいから… あなたは、食べることが 好きで、よい食事時間をすごしてきた人ですね.

大人になったら こまるから はずかしいから… あなたは、食べることについて、「自分のため」として 大切に 考えている人ですね.

いろいろな 味や 食感が 楽しめるから… 味・歯ごたえ、におい. 音 など 食べる楽しさを 知っている人ですね.

わからない. なんとなく. 理由が 書けなかった人… あなたは 食べることに、きょうみ が まだない人ですね. そんなあなただからこそ、これからの 食べ方を 大切にしてほしいです.

食べることは 生きること

これから あなたが 生きていく中で つまづいた時、食べ方を ふりかえってみて下さい. 食べ方をかえることで、よりよく 生きて行けることが できることも あります. みんなの幸せを ねがっています.

取組初期の頃の資料：クラスのアンケート結果をまとめ（上）、個々に「食事観ちょっと診断」をで配った

育ちを信じる啐啄食育

か私自身が願い、また良しとする食事観をもたなければだめだと、子どもたちに押しつけているような気持ちになってきたのです。ここでようやく目が覚めました。「食事観」や「心」、そしてその人の「考え」は、こちらが一方的に評価するものでもないし、また評価できるものではないのです。

子どもたちは、私からの「食事観ちょっと診断」より、友だちが書いた理由の方を熱心に読んでいました。つまり、この取組で一番大切だったのは、自分の食事観を私（他人）から評価されることではなく、「もし、あなただったらどうしますか？」という問いに自分で向き合えたこと、さらに自分の立場を選んでその理由も書けたことなのです。たとえどちらの立場もはっきりとは選べず、理由もうまく書けなかったとしても、プリントの中にある友だちの意見に「これが自分が言いたかったことだ！」とか、「ふ～ん、こんな考え方もあるのか…」と思ったりできたことだったのです。目の前の子どもたちの姿は、私にこのことを教えてくれました。

卒業を前に、自分の食事観と向き合う、そして友だちの食事観にふれることで、子どもたちは何かを感じとっていく。ですから、この取組は「指導」というより（そう呼ぶ自信もありませんが…）、子どもたちに自分の食について考える場を提供し、子どもたち自身の学ぶ力や成長を信じて任せる時間なのではないか。私はそう考えるようになりました。

なりたくない大人・なりたい大人

そこで私は「食事観ちょっと診断」というプリントをやめ、また"指導"回数も2回から3回に増やすことにしました。最終的にたどり着いた指導の流れは下図のとおりです。新たに増やした2回目の指導では、「食の場面で『なりたくない大人』『なりたい大人』」のアンケートを実施することにしました。

じつは、ある年のアンケートの回答に「B: やっぱり野菜を食べる」の理由として、4人ほどの子どもから「野菜を食べていなかったら大人になってからはずかしい思いをする」という意見が出たことがありました。これは取組の初年度や、食育の取組が浅かった年にはあまり出てこない意見でした。

「『食』について考えよう」の流れ	
① 2月後半 ランチルーム（給食時間）	・紙芝居『ふじお君とビタミンC』の前半部分を聞く。 ・アンケート①（「A: 野菜を食べずにビタミンCを飲む」「B: やっぱり野菜を食べる」のどちらかを選び、理由も書く）を記入して提出する。 ＊栄養教諭はアンケート①をまとめ、児童の『食の学習ファイル』に貼る。
② 3月前半 ランチルーム（給食時間）	・『食の学習ファイル』を受け取り、中のアンケート①のまとめを見る。 ・アンケート②（食の場面での「なりたくない大人」「なりたい大人」）を記入して提出する。 ＊栄養教諭はアンケート②をまとめ、児童の『食の学習ファイル』に貼る。
③ 卒業前 ランチルーム（給食時間）	・栄養教諭からのメッセージ（パワーポイント資料）、紙芝居『ふじお君とビタミンC』の後半部分を聞く。 ・それまでの「食の学習」のワークシートが貼られた『食の学習ファイル』を受け取る。

がんばれ！きゅうしょくぼうや

「食」について考えよう　H28.　6年

みんなの意見

A 野菜を食べずに ビタミンCをのむ

- のみやすいと思うから
- のみやすいから
- ぼくは 野菜がきらいです。ビタミンCをのむのはべんりだから
- せっかく 買ってくれたビタミンC。学校よりも えいようがとれる
- 野菜の味がきらいって言う意味やから ビタミンCをのむだけで、野菜をとれるから‥‥
- のむだけでも ビタミンCをとれるから
- そっちのほうが楽だから。あまりまずくないと思ったから
- (野菜が)まずいから。なぜなら かんたんだから
- なぜなら かんたんだから、のみやすいし早いしこっちの方がいいなと思いました。

B やっぱり野菜を食べる

- 野菜をちゃんと たべた方が ビタミンCをいっぱいとれるから
- なんか あごの 力がつよくなると思う
- それ(野菜を食べる)の方が こうりつがいいから
- ビタミンCレメタトの栄養がとれなくなる
- ビタミンCは キャベツ 2こ分だけど もっと野菜をいれてないから こちらにしました。

- 野菜を食べると ビタミンCが 大切なことがわかったからです
- ドリンクが にがい かもしれないから やさいをたべる
- そっちの方(やさいをたべる)が ビタミンをいっぱいとれそうだから (ビタミンCレメタト)
- 他の栄養もとれるから
- 好ききらいをなくすため。ビタミンCより 野菜を食べるとたくさん えいようがとれると思うから
- きらいだけど 野菜を食べなくちゃ 体調がよくならないから 大人になってから こうかいするから。
- しっかり野菜を食べないと 体の中がよくないし、ビタミンCをたべると くすりに たよることになるので 野菜をたべた方がいいと思います。
- 食材をむだにしたくないから もったいない
- 大人になって こまるから
- 野菜がたべれなかったら、大人になったらこまるのは 自分だから。
- 大人になって 野菜が食べれなかったら はずかしいし、情けないからです。
- そのビタミンCには、キャベツ 2こ分しか入ってないから 他の野菜をいっぱいたべる
- 大人になって売ってなかったらこまるから、もったいないから、作ってくれた人に もうしわけない。ビタミンCをのむやったら なんか せがちぢむとか 思えいきょうがありそうだから
- 野菜を食べることによって ビタミンCレメタトのえいようをとることができ 健康的な体になるから
- おいしいからです。ドレッシングかけたら おいしいからです。

「食」について考えよう　その2

6年(　)組 名前(　　　　　)

1回目で 1番 多かった意見は「大人になって はずかしいから 今 野菜を食べる」ということでした。今の食べ方が大人につながっていると感じている人もいるんですね。

さて、今回は‥‥

あなたが 大人の人と いっしょに食べた時、または、大人の人の食べているところを 見た時に 感じた「はずかしいなあ‥‥」「いやだなあ‥‥」という 食べかたや ことば などを 書いて下さい。

また 逆に、自分だったら こんな 大人の人の食べかたや 食べている 場面のことばで「いいなあ‥‥」「そうなりたいなあ‥‥」と思うことを 書いて下さい。

3つ書きましょう

3つ書きましょう

結果のまとめ（上）と、新たに実施した「食の場面で『なりたくない大人』・『なりたい大人』」のアンケート

育ちを信じる啐啄食育

　小学校時代の食の経験の積み重ねが、その人の食事観を作り、大人になっての食の実践につながると考えていた私にとって、「大人になってから」という子どもたちからのフレーズは見逃せないものでした。そこで子どもたちにもう一つ問題提起して、それぞれが食の場面で「なりたい大人」「なりたくない大人」、具体的には言葉づかいや食べ方、態度などをアンケートしました。

食の学習ファイル

　ここで少し『食の学習ファイル』について、説明します。これは「学習ポートフォリオ」（学習活動において子どもたちが作成した作文や作品をまとめ、紙ファイルやフォルダに収集しておくこと）が推奨されていたときに、考えて取り組んできたものです。八つ切り画用紙に印刷したものを表紙にして、食の学習で書いたワークシートを入学から卒業まで貼ってためておきます。普段はランチルームで保管していました。最後の食の学習である、この「食について考えよう」のワークシートを貼って、卒業時にそれぞれの子どもに渡していました。

私からのメッセージを伝える

　その人の「食事観」は評価するものではないということに気づいた私は、それまでの「食事観ちょっと診断」というプリントをやめ、最後の3回目の時間は、まず2回目のアンケートで集めた「食の場面で『なりたくない大人』「なりたい大人」」の結果をまとめてイラストにし、『食の学習ファイル』に貼って子どもたちに渡しました。そして最後に私からのメッセージをパワーポイントにまとめ、BGMをつけて子どもたちに見てもらうことにしました。パワーポイントはスライドショーにして、子どもたちが画面を読むスピードに合わせて切りかわるようにしました。BGMに選んだのは、EXILEの『道』（2007）です。そしてその後に紙芝居『ふじお君とビタミンC』の後半部分の読み聞かせすることにしました。その資料を紹介します。

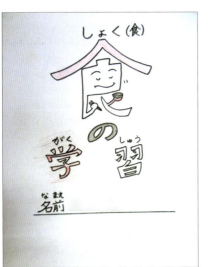

学習ポートフォリオ形式の
「食の学習ファイル」

※「食の学習」のポートフォリオ
台紙表紙を収録しています

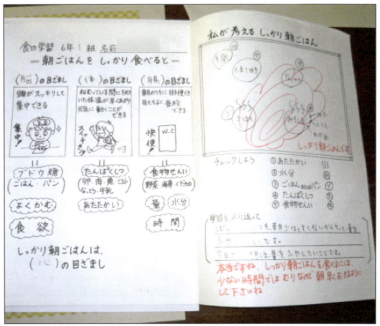

子どもたちからの「食の場面で『なりたくない大人』・『なりたい大人』」のアンケート結果をまとめたイラスト

● 卒業生へのメッセージ ●

育ちを信じる啐啄食育

⑦

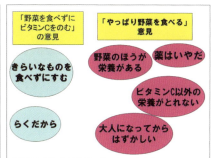
⑧

※学校写真や献立写真、アンケート結果などは、自校のものを入れてご使用ください。

第1章

⑨

卒業を前にして
自分の「食べることについての考え」を
もう1度 ふりかえることで
食べることを大切にできる人
になり、これからの人生を
健康でいてくれることを願っています

⑩

では、ふじおくんとビタミンCの話のつづきを聞いてみましょう。
堀井先生、お願いします。

きらいな野菜を食べずにビタミンCをのんで 毎日ルンルンですごしていたふじおくん‥
ある日、ビタミンCがなくなったことに気づきました。
お母さんに「ビタミンCがなくなったよ」と言うと‥

⑪

● 紙芝居『ふじお君とビタミンC』(後半) ●

⑦-b
(つづき)

ところが、しばらくしたある日、ビタミンCがなくなっていることに ふじお君は気づきました。

お母さんに
「ビタミンCがなくなっているよ、どこ?」と聞くと
お母さんが言いました。

⑧
ビタミンCがなくなったので、薬局に行ったら
薬局の人に「奥さん、いつも買ってくれるけど、誰が飲んでいるんですか?」って聞かれたの。
それでふじおのことを話したら、薬局の人に
「奥さん、だめですよ。体をつくっている最中の子どもなんだから、きちんと野菜を食べさせなくっちゃだめだよ」って言われたの。
だから、もう買わないことにしたわ。今日からまた、あなたがいやがっても、がんばって野菜料理を作るわ。
だから、あなたも食べるのよ。

がんばれ!きゅうしょくぼうや　107

⑨
「そ、そ、そんな〜」
ふじお君は、目の前がまっ暗になりました。

そして、その晩
久しぶりに　あの……

⑩
女神さまの夢を見たのです。
「ふじお君、久しぶりね。前の夢には続きがあったの。
あのビタミンCにずっと頼ってしまったら、
あなたはダメになるわ。あなたが野菜を食べるのを
なまけてしまったら、あなたの体もなまけてしまうの。
つまり、あなたがこの先、野菜を食べても、なまけぐ
せのついた体は、野菜の中にあるビタミンCを
体に役立てることができにくくなるのよ。
もっと早く、この夢を見てほしかったのに……。
じゃあね」　※女神さまは先生の顔写真を入れてください。

⑪
(半分ぬいて)
そこでふじお君は、ハッと目がさめました。
汗をびっしょりかいていました。
「大変だ……」

(全部ぬいて)
それからというもの
ふじお君は必死のパッチで
野菜を食べるようになりました。

⑫
ふじお君は大人になりました。

あのときからたくさんいろんな野菜を食べたおかげで、
今では野菜がまったくいやでなくなりました。それど
ころか、大きくなるにつれて味が好きになる野菜もた
くさんありました。かぜばかり引いていた体も強くな
りました。あのビタミンCのことは、よい思い出とな
りました。「でももし、あのまま飲み続けていたら、ど
うなっていただろう……」。ふじおさんはときどき、そ
う考えることもあるそうです。　　　　（おしまい）

最後のランチルーム

　このメッセージを子どもたちはどう受け取ったのでしょう。でもそれを聞くことはしませんでした。そして最後にこのスライドを見せました。

> 「ふじおくんとビタミンC」のお話は、
> これで終わりです。
> それでは、最後に
> おきまりの時間が
> やってきました。

⑫

　「おきまりの時間」とは、ランチルームでいつもやっていた『給食ミシュラン』（※詳細は「心のふるさとランチルーム」p.38〜40を参照）の発表、そして『3色のうた』の合唱です。この歌は1年生からランチルームに来たときは、いつもみんなで歌うことになっていました。6年生ぐらいになったら、「歌うたうなんてはずかしい…」と声も小さくなりがちですが、最後のランチルームと思えば、例年、大合唱となります。中には泣いている子もいます。それを見て私もその子たちの入学してきてから今までを思って、もらい泣き。いつも男子に「泣き虫」とからかわれました。

　こうして最後のランチルームを終え、子どもたちは卒業していきました。みんなはこの先、どんな大人になっていくのでしょう。「食べることを大切にできる人になっていってほしい」。小学校6年間の食の学習や毎日の給食を通して伝えてきた、そんな願いを退職した今ももち続けています。

● 『3色のうた』 ●

ランチルームで歌う『3色のうた』。「リパブリック讃歌（ごんべえさんの赤ちゃん）」の節で歌う。

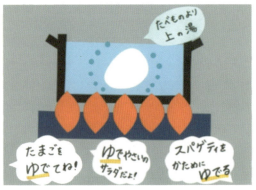

①ゆでる

②蒸す

⑤あえる

⑥焼く

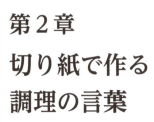

第2章
切り紙で作る
調理の言葉

⑨a 煮る

切り紙で作る「調理の言葉」

型紙製作：埼玉県志木市学校栄養士会
調理解説：月刊『食育フォーラム』連載
　　　　　成瀬宇平 著「調理の道理」より

③ゆがく

④だしをとる

⑦炒める

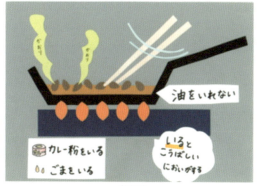

⑧炒る

⑨b 煮含める

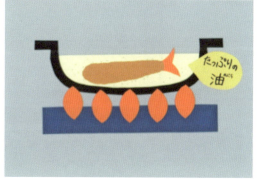

⑩揚げる

がんばれ！きゅうしょくぼうや　111

① ゆでる（茹でる）

調理科学の面からいうと、食品に熱を受け渡す物質（中間体または熱媒体）が水である場合の調理です。熱の伝わり方には、「放射」「伝導」「対流」の3つの形があります。すべての加熱調理は、この3つの形の組み合わせによって目的とする食品を温めますが、「ゆでる」では、この3つがすべて使われています。熱源がIHヒーターの場合、熱源が鍋に接触しているので、熱の移動は「伝導」になりますが、ガスのように熱源と鍋が離れている場合は、「輻射（放射）」になります。鍋が加熱され、鍋の中の水を温めます。鍋と水は接触しているので、伝導による熱の移動となります。さて、鍋の中の水が温まると、温められた水は軽いから上層へ、上層の低い温度の水は重いので下層へ移動します。鍋の中では、上層の温度の低い水と下層の温度の高い水が常に交換しながら全体の水の温度が上昇します。ここでは熱の「対流」によって水の温度上昇が起こります。対流によって熱せられた水の温度は、今度は伝導により卵の殻へ、殻から卵白へ、卵白から卵黄へと温度

材料（ゆでる）

台　紙……………グレーなどの色画用紙（B4）
コンロ……………紺の色画用紙（30×4cm）
な　べ……………黒の色画用紙
火…………………オレンジの色画用紙
卵…………………白の色画用紙
水…………………水色の色画用紙
水　泡……………青の丸シール（直径8mm）

作り方　（以下、すべて同じです）

・各パーツを（白黒型紙は色紙ごとに型紙に合わせて）切り、写真を参考にのりづけする。

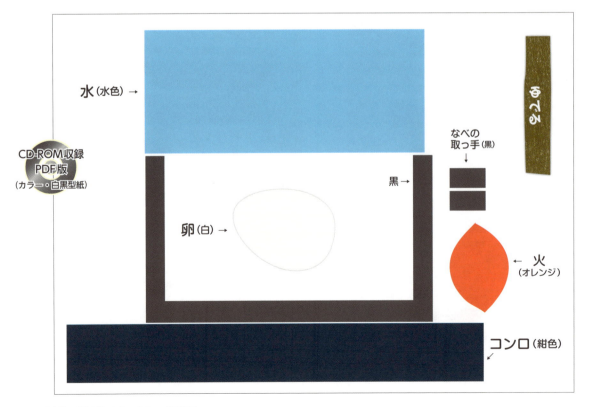

CD-ROM収録 PDF版（カラー・白黒型紙）

が伝わり、ゆで卵ができあがります。

　水の温度は、1気圧のもとでは沸点の100℃まで上昇します。したがって、水の中に入れた食品は100℃以上には加熱されません。しかし、水の中に少量の食塩を入れると（純粋の水ではなく食塩水となるので）沸騰する温度が2〜3℃上昇します。したがって、しょうゆやみそなどの調味料の入った煮汁やみそ汁が沸騰した場合は100℃以上になり、熱くなるのです。今話題のスチームコンベクションのような例外はありますが、基本的には、水は0〜100℃までの一定の温度に保つことが可能で、100℃以上にはなりません。ですから食品を焦がすことなく、長時間の加熱ができるのです。また水の温度を100℃以下で一定温度に保てば、半熟卵や温泉卵ができます。これも「ゆでる」調理法の1つのバリエーションといえるでしょう。

　完成写真には、調理についての説明の吹き出しもありますが、こちらは使われる先生方が自由に足してください。

②蒸す

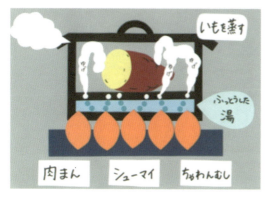

　今は蒸し器がない家庭も多くなっています。ただし「蒸す」という調理法は、油を使わずヘルシーでビタミン類の損失が少なく、もっと見直されてよいものです。水蒸気を使って加熱するので、どんな形の食品でもむらなく熱が行き渡り、災害等で電子レンジが使えないような場面では、この調理法を知っているか、実際にできるかが生活の質を維持する大きな分岐点にもなりえます。

家庭科でも、「蒸す」は必須項目ではないものの、中学校では多くの先生方が重要性を認識して調理学習にとり入れているそうです。

　蒸し器は、中間に金網や、すのこなどの穴の開いた中敷きを置く構造になっていて、この下に水を入れて加熱します。加熱された水蒸気でこの中敷きの上に載せた食品が加熱されます。蒸し器のふたには小穴があり、発生した蒸気の一部はこの小穴から出るので、蒸気の発生状況がわかります。水蒸気の温度は、常圧では100℃ですから、食品は100℃の水蒸気で加熱されることになりますが、食品や蒸し器の温度は実際には100℃に達していません。そのため食品や蒸し器内の温度が蒸気の温度（80〜90℃）に達するまでは、水蒸気（100℃）は食品や器具に熱量が奪われて温度が下がり、液化して水滴となります。このように「蒸す」は、理科で学習する「水の三態変化」に通じる内容を持っています。

　さて、できた水滴は、食品に付着し吸収されます。米のように水分の少ない食品の場合は、水分は食品に吸着されるので、食品の水分は増加します。一方、魚、肉、葉菜類のように水分の多い食品は、水蒸気の温度により加熱されて組織が破壊されるため、水分、脂肪、水溶性のその他の成分は水滴とともに流出しますが、水や調味液など液体の中で煮るのと違って、栄養成分の流出は多くありません。

　蒸し器内では、加熱媒体となっている水蒸気

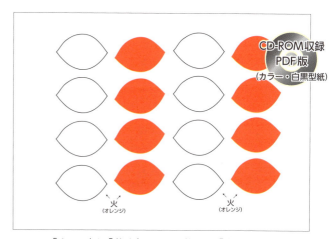

※「ゆでる」と「蒸す」はPDF1枚目の「炎の型紙」を使って不足分を補ってください。

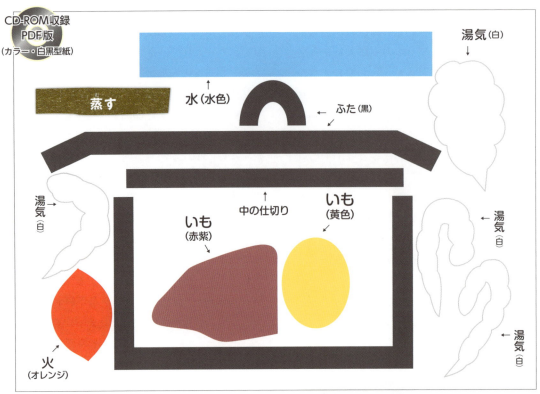

は対流が起こっているだけで、食品は動かされることがありません。そのために食品の形を崩すこともなく、茶わん蒸しのように溶き卵のような流動性のあるものでも加熱することができます。蒸し器内の蒸し水がなくならない限り、こげる心配もないと言えます。ただし、鮮度の悪い生鮮食品を蒸すと、生臭みが残りやすいことがあげられます。

材料（蒸す）

台　紙	グレーなどの色画用紙（B4）
コンロ	紺の色画用紙（30×4cm） ※カラー型紙にはついていません。 （以下、コンロはすべての調理で 　カラー型紙にはありません）
なべ・ふた	黒の色画用紙
いも	赤紫と黄の色画用紙
火	オレンジの色画用紙
湯気	白の色画用紙
水	水色の色画用紙
水　泡	青と白の丸シール（直径8mm）

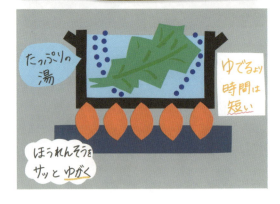

おもに野菜類の調理で使われる言葉で、短時間でさっとゆでることで組織を軟化させたり、あく抜きをしたりする調理操作です。ゆで水に食塩や酢、重曹などを入れることで、変色を少なくしたり、あくをさらによく抜くこともできます。

「ゆがく」に似たものに「湯通し」という調理があります。こちらはおもに下ごしらえとして、肉や魚に熱湯をかけたり、さっと通したりするこ

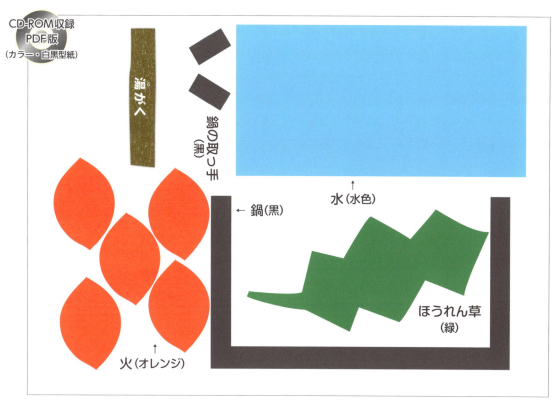

とで、おもに臭みや余分な脂を抜くために行います。「湯引き」や「湯洗い」とも言います。

　さらに「ブランチング」といって、野菜や果物で加工食品や冷凍食品を作るときに変色の原因となる酵素のはたらきを不活性化（失活）させるために熱湯に通したり、蒸気などで加熱したりする調理操作もあります。殺菌効果もあり、微生物などによる腐敗などを防ぐことができます。

　小学校の家庭科では、青菜を使ったおひたし作りで「青ゆで」としてこの「湯がく」が教科書で紹介されます。青菜を立てるようにして茎から入れ、少しやわらかくなった頃を見計らって菜箸で全体を沈めます。再沸騰後に引き上げ、水を張ったボウルに入れて素早く冷まし、絞ってから切って盛り付け、削り節などを載せて食べます。

　茎を熱湯に立てる時間、そして全体をゆでる時間で微妙に食感が異なってきます。授業の中で、子どもたちにストップウォッチで時間を計測させながら、自分の好みの「ゆで加減」に調理するための時間を探らせてみると、さらに楽しい取組になることでしょう。

材料（湯がく）

台　紙	グレーなどの色画用紙（B4）
コンロ	紺の色画用紙（30×4cm）
なべ	黒の色画用紙
ほうれん草	緑の色画用紙
火	オレンジの色画用紙
水	水色の色画用紙
水　泡	青の丸シール（直径8mm）20枚ほど

④だしをとる

　「和食」がユネスコ無形文化遺産に登録されてました。和食の４つの特徴の１つに、「多様で新

鮮な食材とその持ち味の尊重」があります。日本各地にはその地域に根差したさまざまな食材が用いられ、素材の味わいを生かす調理技術や道具が発達しました。だしに代表される「うま味を生かした調理法」はその最たるものでしょう。

だからといって「日本人だけがうま味を知っていた」というのは少し言い過ぎになります。食材のうま味をスープに引き出す調理法には、フランス料理のブイヨン、中華料理の湯（タン）などもあります。しかし、昆布、かつお節、煮干し、干ししいたけなどの乾物を上手に用い、ブイヨンや湯に比べれば、はるかに短い時間でしっかりしたうま味がとれる点、さらに複数のだし素材を上手に組み合わせ、しかも料理によって変えるこはなど、「うま味」そのものを料理の不可欠な要素としてとらえ、探究して体系化した私たちの父祖の情熱には本当に頭が下がります。さらに、この「うま味」の化学的組成を世界で初めて明らかにしたのも日本人の池田菊苗博士でした。

昆布は、そんな日本のだし文化を支えるとても大切な食材です。北海道が主な産地ですが、沖縄の琉球料理でもよく使われます。昆布からだしをとるときは、ひと晩水に浸し、60℃くらいの温度を保ちながらコトコト煮出してとるのがオーソドックスなとり方とされます。また、ひと口に「昆布」といっても複数種類があり、それぞれに適した用途もあります。

ちなみに「だし」という言葉は「煮出し」という言葉が語源とされ、漢字では「出汁」の字がよく当てられます。ところで昆布はなぜ海中にあるときに、だし成分が溶け出さないのでしょう。それは海中の昆布は生きているため、細胞の機能（細胞膜の選択透過性）が働くからです。陸に上げて干されることで、細胞膜は壊されて機能しなくなり、うま味成分が出てくるというわけです。

材料（だしをとる）

台　　紙…………グレーなどの色画用紙（B4）
コンロ※…………紺の色画用紙（30×4cm）

なべ………………黒の色画用紙
昆布………………濃緑、または黒の色画用紙
火…………………オレンジの色画用紙
水…………………水色の色画用紙
気　　泡…………白の丸シール（直径8mm）12枚ほど

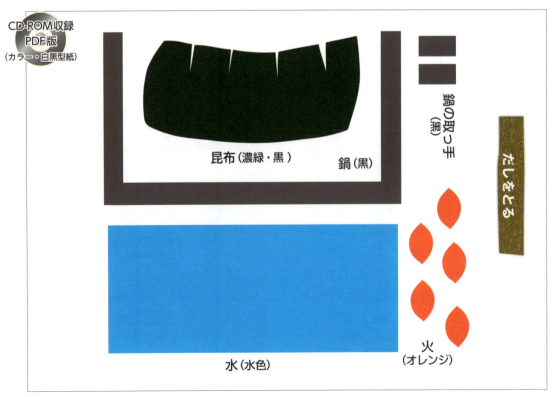

 切り紙で作る 調理の言葉

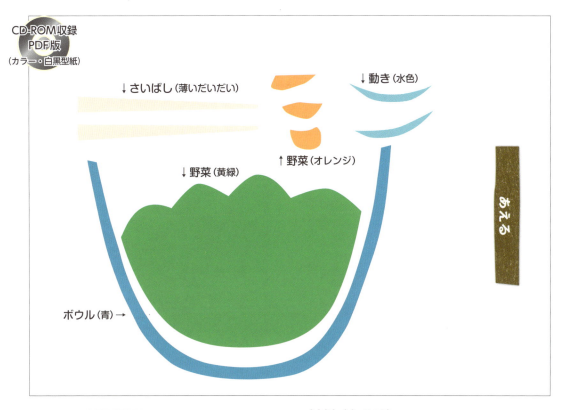

第2章

あえる

⑤ あえる（和える）

まぜあわせること

料理名では、よく「○○和え」と漢字が当てられますが、家庭科など教科書では「あえる」とひらがなで書かれます。「あえ物」とは、一般に、「あえ衣」とさまざまな材料を混ぜ合わせて作る料理です。材料は魚介、野菜、肉、肉の加工品、くだものなどで、1つだけのものもあれば、数種を合わせる場合もあります。あえ物のうち、酢の味のものを、とくに「酢の物」とよびます。

材料（あえる）

台　紙 ………… グレーなどの色画用紙（B4）

ボウル ………… 青の色画用紙
野菜 ………… 黄緑・オレンジの色画用紙
さいばし ………… 薄いだいだい色の色画用紙
動き ………… 水色の色画用紙（お好みの色で）

　さらに料理によって、合わせる材料が主、あえ衣が従である場合と、その逆の場合とがあります。材料が主であるときは、材料のうまみを生かし、香りや辛み、塩けや酸味などが利かせた、あっさりした味の合わせ調味料であえます。逆にあえ衣が主のときは、あえ衣には、ごま、くるみ、落花生など味の濃厚なもの、または黄身酢などを用い、生やゆでた野菜などと合わせます。

　あえ衣によって、いろいろな料理の名前があります。「磯辺あえ」「卯の花あえ」「じんだ（枝豆）あえ」「おろしあえ」「からしあえ」「木の芽あえ」「くるみあえ」「ごまあえ」「白あえ」「梅肉あえ」など、本当に多彩ですね。

　西洋料理の「サラダ」は野菜に塩や酢、油などで作った調理料を、韓国料理の「ナムル」はご

がんばれ！きゅうしょくぼうや　117

ま油を入れた調味料を合わせて混ぜるという点では、ある意味「あえる」料理の仲間です。しかし今、和食の「あえ物」が、食卓であまり作られなくなったのは、サラダが広く日本に普及したからではないかという人もいます。

そして和食の「あえ物」に欠かせないのが、調理道具の「すり鉢」と「すりこ木」。これなしに日本の精進料理は誕生しなかったといって過言ではありません。すり鉢を使うことで、豆腐やみそ、ごまや木の実をすりつぶしながら、簡単に材料とあえることができます。こうして多彩なあえ物料理が、和食の世界を豊かにしていったのです。

⑥ 焼く

「焼く」という調理法には、火のような熱源に直接に当てて焼く方法と、鉄板、油、水などを加熱し、その熱を間接的に利用する調理法があります。直接的な方法としては、食品を網に載せて熱源に直接かざして焼く、焼き魚や焼き鳥があります。間接的な加熱には、フライパンや鉄板を熱しながら焼くソテーやお好み焼きなどがあります。

ただし、「ゆでる」も水を媒介にして間接的に加熱する方法ですし、鍋物、煮物のように水溶液ごと熱して加熱する「煮る」、またてんぷらのように加熱した油脂の液体で加熱する「揚げる」、さらに熱い水蒸気で加熱する「蒸す」も、広くは間

材料（焼く）

台　　紙 ………… グレーなどの色画用紙（B4）

焼き網　………… 黒の色画用紙
火(炎) ………… オレンジの色画用紙
魚　　　 ………… 水色の色画用紙
魚の目　………… 白の色画用紙

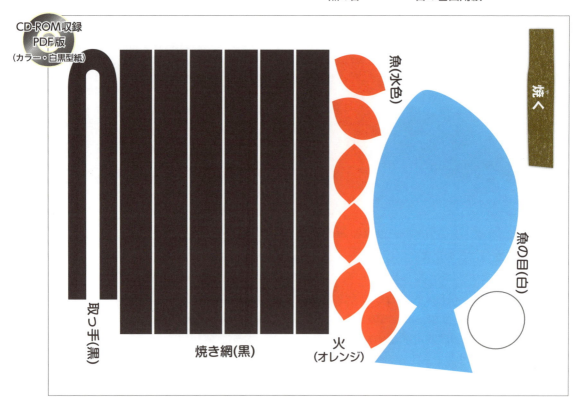

接的な加熱調理になります。このようにひと口に「焼く」といっても、加熱調理一般を指すとすると、じつにさまざまな形態があるのです。

たとえばパンを"焼く"とした場合、オーブンの庫内で加熱した熱対流によってパンを加熱する方法、食品を和紙やアルミ箔で包み、それを熱源に触れさせて焼く方法、またトースターのように熱源の電熱線にパンを直接近づけて焼く方法もあります。最近では、熱源として電磁波や過熱水蒸気を利用する加熱調理法もあります。つまり電子レンジは電磁波で加熱し、スチームコンベクションは、300℃以上に加熱した水蒸気で加熱する加熱調理法で、やはり「焼く」調理なのです。

ところで、日本の食事の中で大切な米のご飯を作ることを「炊飯」といいます。ご飯を炊くということです。じつは「炊く」という調理法も、さまざまな"焼く"調理を組み合わせていることがわかります。最初は米を「煮る」という水による加熱調理です。そして100℃での加熱が終わると「蒸す」という別の加熱調理の段階になります。最後に釜や鍋の肌で「焼く」という加熱調理の段階に入り、余分な水分を蒸発させます。ただし、これが行き過ぎると「焦げ」ができます。

⑦炒める

「炒める」とは、鍋に油を引き、強火で短時間に食材が焦げないようにかき混ぜながら加熱する調理操作をいいます。「炒め物」といえば、中華料理を思い浮かべる人も多いのではないでしょうか。強い火で中華鍋1つで手際よくチャーハンや焼きそばを炒めていく様子は何とも格好のよいも

のです。炒めるとき、その温度は 150 ～ 200℃の高温となっています。「炒める」という調理操作で金属製の中華鍋やフライパンといった調理器具が使われるのは、強火で加熱した場合に器具全体に素早く熱が伝わるからです。

　余談になりますが、フライパンはもともと「フライ（fry＝揚げる）」という名のとおり、揚げ物にも使われる器具です。中華鍋も同じように揚げ物に用いられたり、上に蒸し籠を置いて蒸し器にされることもあります。ただ、フライパンや中華鍋を使わなければ炒め物にならないかといえば、そんなことはありません。「炒り煮」という調理法もあるように、普通の鍋でも加熱しすぎて鍋を焦がさないように注意しながら油を引いて炒めることも可能です。カレーや筑前煮でよく用いられる調理法です。

　ところで、炒める調理法を施す食材にはある共通点があります。それは水分が多いということです。野菜や米（ご飯）、肉、魚も、水分を80％以上、含んでいるものが多いですね。ですから強火で加熱しても食材自体の温度はなかなか高くなりません。そのため「炒める」では、よくかき混ぜながら食材全体に均一に熱が通るようにします。さらに炒めるという調理法には、短時間、高温で加熱するため、食材の色を損なわず、栄養成分の流出が少ないという大きな利点もあります

材料（炒める）

台　紙…………グレーなどの色画用紙（B4）
コンロ…………紺色の色画用紙

フライパン………黒の色画用紙
火(炎)……………オレンジ（赤）の色画用紙
油・ふきだし……黄の色画用紙
キャベツ…………黄緑の色画用紙
ピーマン…………緑の色画用紙
にんじん…………オレンジ（黄）の色画用紙
たまねぎ…………肌色・薄ピンクの色画用紙

⑧炒(い)る

「炒める」と一緒に作ると、違いを子どもたちにわかりやすく説明することができます。節分の福豆やきなこを作るときの「炒り豆」について、

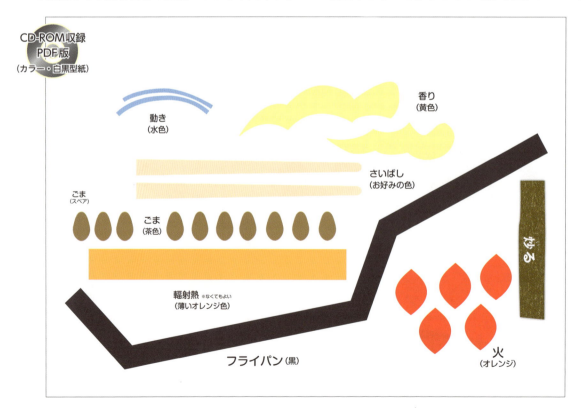

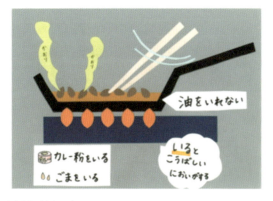

材料（炒る）

台　紙……………グレーなどの色画用紙（B4）
コンロ……………紺色の色画用紙

フライパン ………黒の色画用紙
火(炎)……………オレンジ（赤）の色画用紙
香り………………黄色の色画用紙
ごま………………茶色の色画用紙
輻射熱 …………薄いオレンジの色画用紙
　　　　　　　　　（なくてもよい）
さいばし …………お好みの色の色画用紙
はしの動き ………水色の色画用紙

子どもたちは知らないことが多く、この掲示物を使って「炒める」と「炒る」の違い（油を引かないこと、熱を加える食材の性質の違い）を説明していきます。また「ゆでる」と「蒸す」の違いもこの切り絵教材で説明するとわかりやすいです。

『月刊 食育フォーラム』2016年2月号では、埼玉県志木市立志木小学校での栄養教諭・猪瀬里美先生による実践が紹介されています。小学3年生国語科「すがたを変える大豆」の授業では、この切り紙掲示物を教材に使ったほか、実際に子どもたちの目の前で大豆をフライパンで炒る実演もしました。徐々に香りが立ってきて、こんがり焼き色のついた大豆の様子を子どもたちに見てもらい、できあがった炒り豆を味わってもらいました。

⑨ 煮る・煮含める

「煮る」と「煮含める」はそれぞれ1枚ずつプリントアウトして作ります。「煮含める」という調理操作はなかなか奥が深く、一概に「これ」といった図にまとめるのは難しいのですが、子どもたちに「落としぶた」という器具について知って

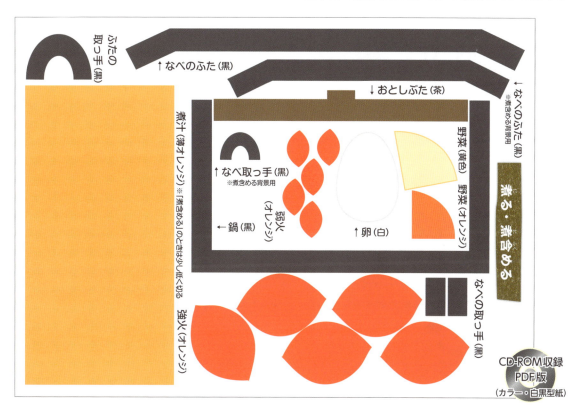

もらいと思いました。調理中、煮汁の蒸発を防ぎたい場合はなべに直接ふたをすることもありますが、落としぶたを使うときは、なべにふたはしない場合が多いです。ただし、ふたがまったく不必要かというと、そういうわけでもなく、「煮含める」操作でもう1つ大切なことは、火を消したあと、ふたをしてしばらく置くことです。つまり、火を消してすぐお皿によそうのではなく、鍋の中に置くことで、味が中までしっかりしみこんでいくのだということも示せたらと思いました。そこで「煮含める」では、なべのふたも横に置いておく絵にしています。

　落としぶたでもう1つ大切なポイントは、落としぶたに材料が直接触れていることです。煮汁をなるべく少なくして、煮くずれも防ぎ、味を十分にしみ込ませることができます。落としぶたの材質は、家庭では木製、ステンレス製、シリコーン樹脂製のほか、和紙やアルミホイルでまかなうこともよくあります。木製のものを使うときには、水で一度湿らせてから使います。乾いたままだと煮汁がふたに吸いとられ、においや味がついてとれなくなってしまうからです。

⑩ 揚げる

　「揚げる」という調理操作は、多量の油の中で食品を加熱する操作です。"あぶら"は、よく「油脂」と総称されますが、これは液体のものを「油」、固体のものを「脂」と区別して使用するためです。常温（普通は20℃前後）では、油としてはなたね油、大豆油、ごま油があり、多くの植物性油脂が液体を示し、脂としては豚の脂肪に由来するラード、牛の脂肪に由来するヘッドがあります。揚げ油には、なたね油、大豆油、ごま油、コーンオイルなどがよく使われます。一般に、揚げ物は食品に衣をつけ、揚げ油を150～180℃などの高い温度に保ち短時間で行う調理ですので、煮るなどの調理操作に比べれば栄養成分の損失は少なくなります。また加熱調理中に食材中の水分

材料（煮る・煮含める）

台紙	グレーなどの色画用紙（B4）
コンロ	紺色の色画用紙
鍋	黒の色画用紙
おとしぶた	おうどいろの色画用紙
火(炎)	オレンジ（赤）の色画用紙
煮汁	オレンジの色画用紙
野菜	薄黄色、オレンジ等の色画用紙
卵	白の色画用紙

・「煮る」ではふたと取っ手と強火、「煮含める」ではおとしぶたとなべの取っ手、弱火を使います。「煮含める」の煮汁の高さは適宜調整してください。

が蒸発し、代わりに油が吸着されます。

　揚げ方には、まず食材をそのまま揚げる「素揚げ」があります。ナスやサワガニなど食材の形を残して揚げるものがよく知られています。食材に小麦粉やかたくり粉をまぶして揚げるものには、から揚げ、竜田揚げがあります。さらに小麦粉を水で溶いた衣を食材につけたものにてんぷら、そこに卵や牛乳、重曹などを加えるフリッター、そしてパン粉を食材につけた揚げ物にはフライ、カツレツなどがあります。

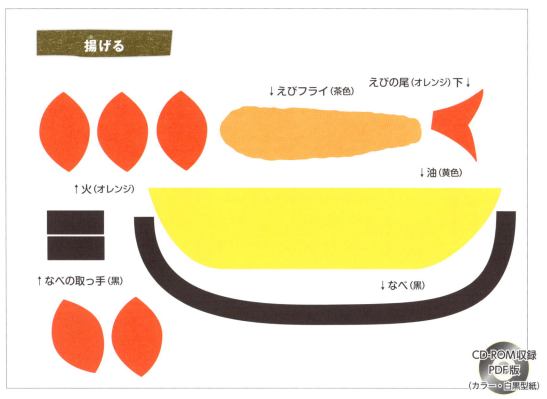

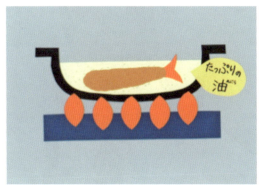

材料（揚げる）

台 紙	グレーなどの色画用紙（B4）
コンロ	紺色の色画用紙
鍋	黒の色画用紙
火(炎)	オレンジ（赤）の色画用紙
海老フライ	茶色・オレンジの色画用紙
油	黄色の色画用紙

　揚げ物のおいしさは、カリッとした食感です。食品の表面に油が多く付着しないように揚げるのがその食感を生むコツとなります。まず揚げ油の温度が170〜180℃と高温にすることで油の粘度は小さくなります。また植物性の揚げ油にラードを加え、揚げ油の温度を高くし、カラッと揚げる方法もあります。肉屋の豚カツやコロッケなどの揚げ油にはラードが加えてあります。ラードを使った揚げ物は、カラッとした食感が際立ちますが、食後にラードが口内に残って、味がくどくなってしまうことがあります。

　本章の記事は、成瀬宇平著「知ってなっとく 調理の道理」（月刊『食育フォーラム』（2011～13）の連載をもとに、故・成瀬宇平先生のご承諾を得て、『切り紙で作る 調理の言葉』掲載時に編集部でまとめたものです。書籍化にあたり、新たに再編集しました。なお、以下の文献等も掲載時に参考にしています。

- 農林水産省HP「和食がユネスコ無形文化遺産に登録されました！」　　　　　　　　　　（最終閲覧：2019年8月）
- 株式会社くらこんHP「和食とうま味」
  　　　　　　　　　　　　　　（最終閲覧：2019年8月）
- 主婦の友社編（1996）『料理食材大事典』，主婦の友社
- 阿古真理（2015）『「和食」って何？』，ちくまプリマー新書
- 阿古真理（2015）『小林カツ代と栗原はるみ』，新潮新書

第3章 みんなのわくわくたべもの広場

わくわくたべもの広場

彩色：山口香里

おふくろぼうや

「毎月季節の香りをみんな届けてくれる旬の野菜を紹介します。」

卯月（四月）　たけのこ（筍）

「たけのこは、「竹の子」とも書かれるように、竹の子ども（若芽や若茎）なんですよ。また、土から顔を出して10日（旬）もたてば竹になってしまうことから「筍」という漢字を書きます。「朝掘りたけのこ」なんて書いて、皮つきの筍が売られているのを見たら、「ああ！春だわ！」ってわくわくします。」

皐月（五月）　アスパラガス

「5月… 新しいクラスや学校になれてちょっとつかれが出やすいときだね。そんなときはアスパラガスがおすすめだよ。「アスパラギン酸」というアスパラガスから見つかった、つかれをとってくれるもとがあるんだ。ほんのり苦い味や香りが苦手だなァって思っている君もアスパラガスでパワーオン！」

パワーオン

みんなのわくわくたべもの広場

きゅうり　水無月（六月）

私、苦手な野菜がたくさんあるけど、きゅうりはわりと好きなの。きゅうりを巻いたのり巻きのことを「かっぱ巻き」って言うんだよ。かっぱもきゅうりが好きなんて、ちょっとびっくり。これからきゅうりがおいしい季節がやってくる。わくわく！

オクラ　文月（七月）

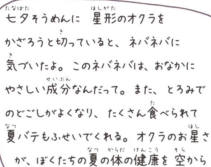

七夕そうめんに星形のオクラをかざろうと切っていると、ネバネバに気づいたよ。このネバネバは、おなかにやさしい成分なんだって。また、とろみでのどごしがよくなり、たくさん食べられて夏バテもふせいでくれる。オクラのお星さまが、ぼくたちの夏の体の健康を空から見守ってくれているようだよ。

ゴーヤー　葉月（八月）

沖縄の伝統野菜のゴーヤー。
はじめて食べたとき、苦くてびっくりしたけれど、何回か食べているうちに、暑くなるとゴーヤーの苦い味が食べたくなってくるんだ。しらべてみると、苦い味は暑さを和らげてくれる味なんだって。

なるほど！

第3章

がんばれ！きゅうしょくぼうや

かぼちゃ　長月（九月）

丸ごとのかぼちゃを切るのには
けっこう力がいるんですよ。
夏にとれるかぼちゃは、かたい皮のおかげで
冬まで保存することができました。
昔から「冬至（12月22日ごろ）にかぼちゃを
食べるとかぜをひかない」と言い伝えられるほど
栄養もぎっしりつまっていますよ。

さつまいも　神無月（十月）

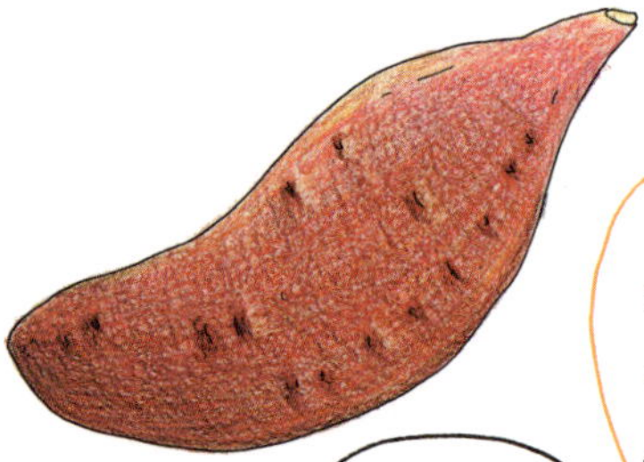

さつまいもは、皮ごと食べると
おならが出にくくなるといわれているよ。
それは、さつまいもの皮に多くふくまれる
ヤラピンが消化をよくしてくれるからなんだ。

エッ！そうなの？

← さつまいもの皮

しいたけ　霜月（十一月）

生しいたけもおいしいけれど、干ししいたけは、
料理するためにもどしてつけておいた水にも
おいしいだしが出るのよ。巻きずし、ちらしずし
茶わんむしにおせち料理…。
おいしいごちそうを作りますね！

おふくろぼうやの
ごちそうって いつも
ほししいたけが はいっているね…

本当はしいたけが苦手。

126　がんばれ！きゅうしょくぼうや

みんなのわくわくたべもの広場

はくさい　師走（十二月）

「霜がおりると甘くなる」といわれる白菜は、冬の野菜の代表だよ。
なべものにたくさん入れて、汁ごと食べてほしいな。
なぜなら、汁の中にも白菜の栄養がとけこんでいるからだよ。

ごぼう　睦月（一月）

うわっ、手がよごれちゃったよ～
ごぼうって、土がいっぱいついて売られているんだね。
でも、食べると腸の中をきれいにそうじしてくれるんだって。
何だかおもしろいね。

がんばれ！きゅうしょくぼうや 新春特別ふろく
たべものとけんこうかるた

CD-ROM収録　PDF版（カラー・白黒線画）

読み札

絵札

※ひらがな44音（を,ん除く）と予備札1枚。線画の白黒版をPDFで収録しています。線にそって切ってご使用ください。

にんじん　如月（二月）

だから、シチューや野菜いために オレンジ色のにんじんが 入っていると、「おいしそう、食べたい！」って思うんだね。

オレンジ色は食欲を生み出す色なんだって。

たまねぎ　弥生（三月）

手づくりカレーがたのしみだね！

調理員さんないているの？

今日は、たまねぎを よくいためてこくのあるカレーを作りますよ！

● CD-ROM収録資料 ●

CD-ROMには月ごとに1枚にしたWord版で収録しています。

卯月（四月）たけのこ（筍）

皐月（五月）アスパラガス

CD-ROM収録 Word版（カラー）

第4章 新感覚・ぬくもり食育資料集
がんばれ！きゅうしょくぼうや

登場キャラクター紹介

使い方

この資料のイラストと書き文字はWord上で分けることができます。コメントなどを各学校でアレンジすることができます。文字はパソコンで打ってもよいですが、手書きにすると、心とぬくもりがより伝わります。

心を育てる給食時間 4月

ポイント

「給食の時間」は教育課程では特別活動の中に位置づけられています。ただの「学校の昼の食事」ではなく、心の成長や社会性を育む大切な時間であることに、もっと多くの方々に注意を向けてもらいましょう。

12時20分から、1時5分までが給食時間です。
45分間の中で どのようにするのが いいのかな?
みんなで 考えてみましょう。

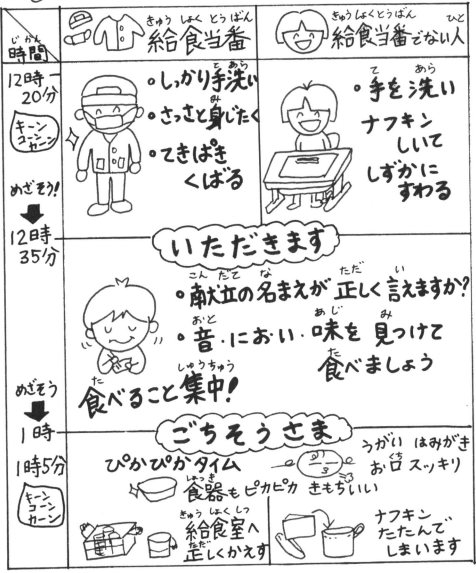

ポイント

給食時間の流れを時間軸とイラストで「見える化」します。食べるときは献立や使われている食材、季節や旬のことなど、給食からいろいろなことを学び、お話ができるようになるといいですね。

給食調理員さん

ポイント

とくに1年生の子どもたちにとって、どんな名前の、どんな顔をした調理員さんが自分たちの給食を作っているのかをきちんと知ることは新しく始まる給食への不安を和らげてくれます(第一章 p.24〜)。

もりつけ名人 修行中！

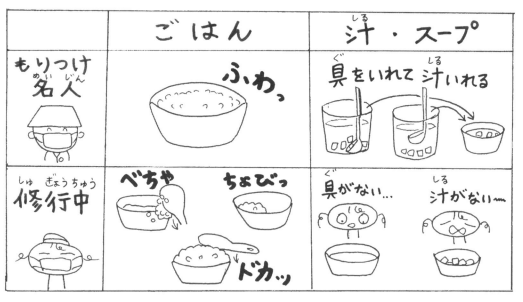

ポイント

盛り付けは美的センスだけでなく、四則演算や分数など算数の知識や技能を実生活に活かし、また他人を思いやる気持ちを育む場となります。

第4章

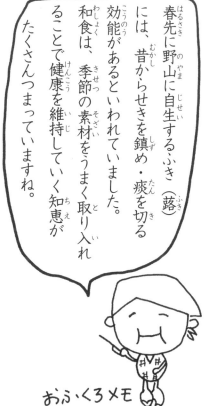

春先に野山に自生するふき（蕗）には、昔からせきを鎮め・痰を切る効能があるといわれていました。和食は、季節の素材をうまく取り入れることで健康を維持していく知恵がたくさんつまっていますね。

おふくろメモ

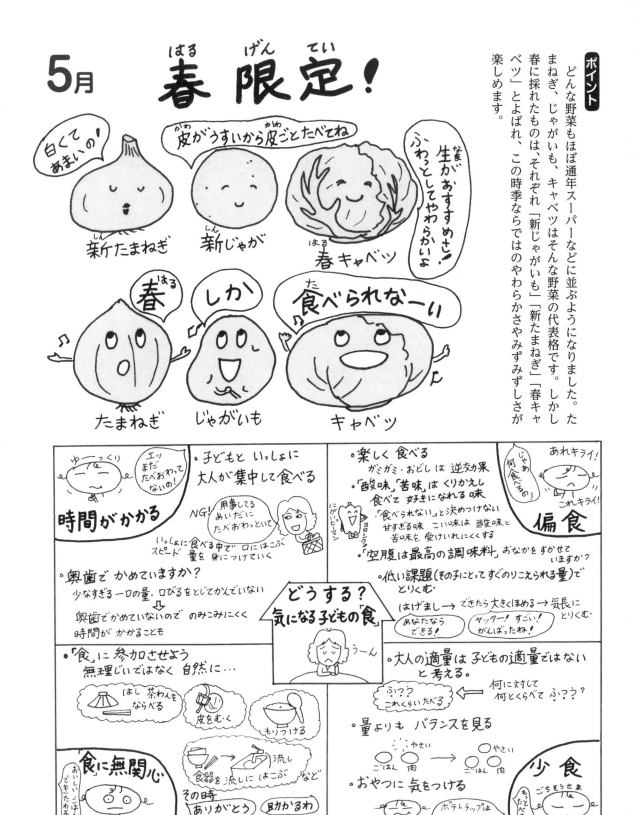

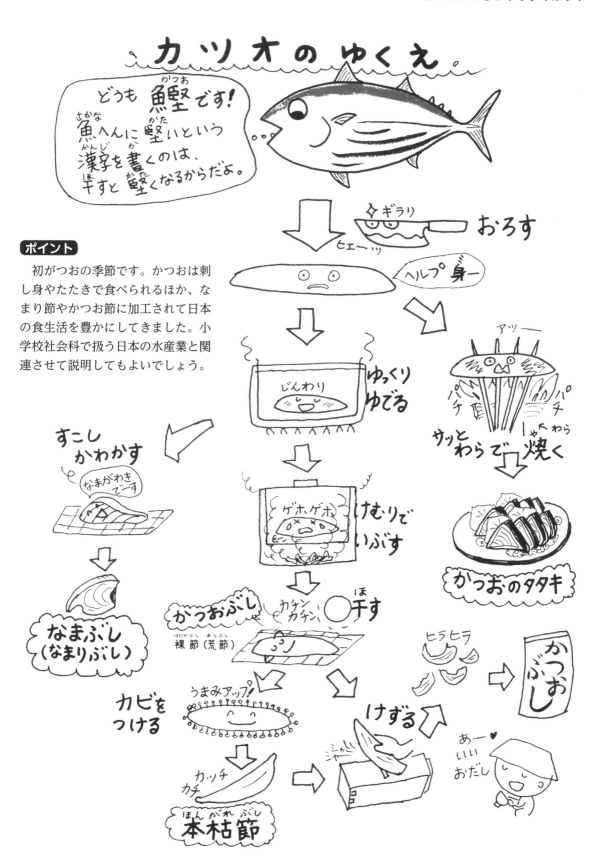

> **ポイント**
> p.132と同じ、保護者向けの資料として作りました。活用法の一例は右上に書きました。言葉がけひとつで食に向き合う子どもの姿勢が変わっていくことに気づいてもらえたらよいと思います。

使い方例

○試食会での資料などに使います。

・右の太陽の側の言葉(ことばの葉)を白抜きにして印刷して配布し、集まった保護者の方に渡します。そこで「下の子どものように『苦手な食べものもどんどん挑戦するよ!』という姿になるためにはどのような言葉がけをしたらよいと思いますか?」と投げかけ、保護者の方に空雷の葉に自分で考えたセリフを入れてもらいます。

・その後で「今日、書いてもらった言葉を子どもさんに機会があればかけてあげてください。私たち学校側もポカポカ言葉をかけて子どもたちの食べる力を一緒に伸ばしていきたいと考えています」と、こちらからのメッセージを伝えて締めくくります。

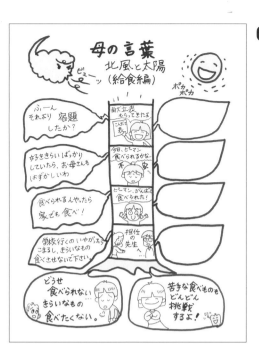

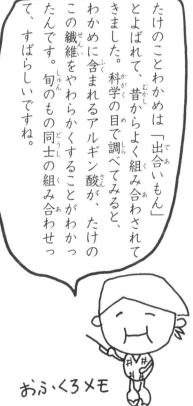

たけのことわかめは「出合いもん」とよばれて、昔からよく組み合わされてきました。科学の目で調べてみると、わかめに含まれるアルギン酸が、たけのこの繊維をやわらかくすることがわかったんです。旬のもの同士の組み合わせって、すばらしいですね。

おふくろメモ

6月

かみかみクロスワード

〈タテのかぎ〉

① よくかむと〇〇の骨が成長して歯ならびがきれいになります。

② じょうぶな骨や歯をつくるために、大切なえいようそです。

③ くちびるをとじてかむと食べものが〇〇〇の上にあつまってよくかめます。

〈ヨコのかぎ〉

㋐ かむと動く←♡の場所の名まえ。日本の主食はごはんですよ！

㋑ 〇〇〇、れんこんなど食物せんいの多い野菜をよくかみましょう

㋒ よくかむとだ液がたくさん出て〇〇〇になりにくいといわれています

ポイント

給食だよりに使います。子どもはクイズが大好き。多少難しい問題も入れておくと、おうちの人と一緒に考えてくれるので、家庭に食育を広げるきっかけにもなります。こたえとその使い方の例は下に。

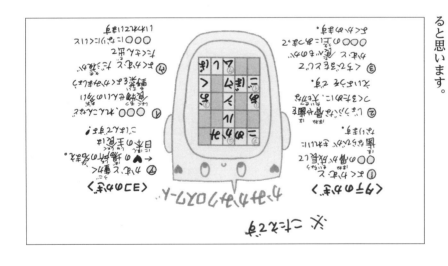

使い方例

私がクロスワードパズルを給食だよりに載せていたときは、このようにクロスワードパズルの縮小版に答えを書き入れたものを逆さまにして裏面に印刷していました。次月の給食だよりに載せたこともあります。掲示物にするのなら「答えはランチルームの中にあります」とか「担任の先生に伝えています」とか、いろいろ工夫できると思います。

がんばれ！きゅうしょくほうや

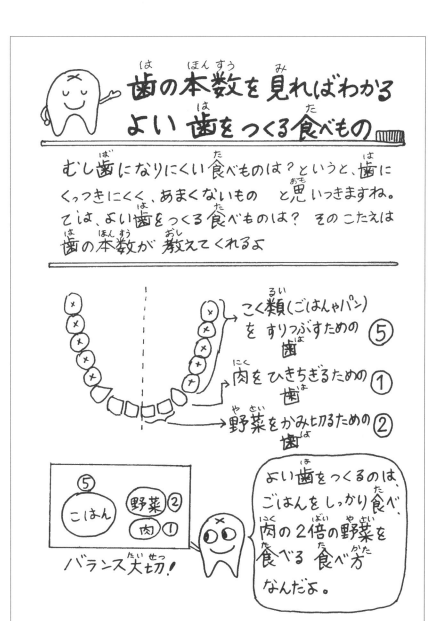

使い方例

少し前の本ですが、栄養学者の故・川島四郎さんの本（『たべものさん、ありがとう』（朝日文庫・1986）など）からのネタです。現在の主食・副菜・主菜の理想的なバランス比3:2:1の考え方にも近く、たとえとしてよく使わせてもらいました。大人の歯だとご飯の量は今の考え方より多めですが、ちょうど乳歯から永久歯への生え替わりの子どもの場合だと3:2:1に近くなります。子どもたちも「肉の2倍の野菜が必要なんや…」と覚えやすいようです。

使い方例
こちらはジョークで…（笑）。おたよりや資料の空きコーナーに使いました。ただ中には真に受けてしまった子もいて、「だからよくかむ方が長生きなんや…」と、妙に納得されてしまいました。考え方はいろいろありますが、こんな資料もあってもよいかなと自分では思っています。

昔の人は、その季節に初めてとれる「初物」には、とても強い生命力が宿ると考えていました。初物をお供えしたり、食べたりすることは、そのパワーをいただくことでもあったのです。こうして食べ物の恵みに感謝するとともに、人々の幸せも願って初物をいただいていたのですね。

7月

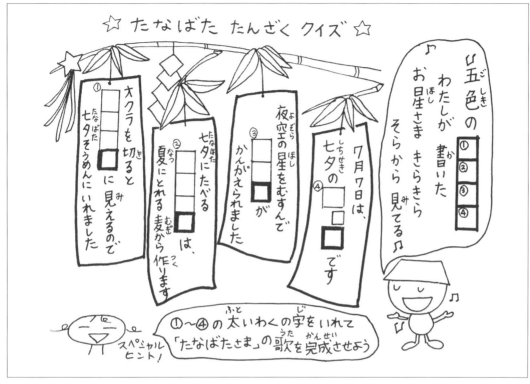

使い方例

給食だよりなどに使います。こたえは下に。

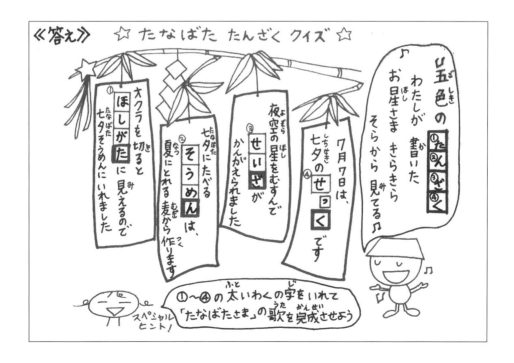

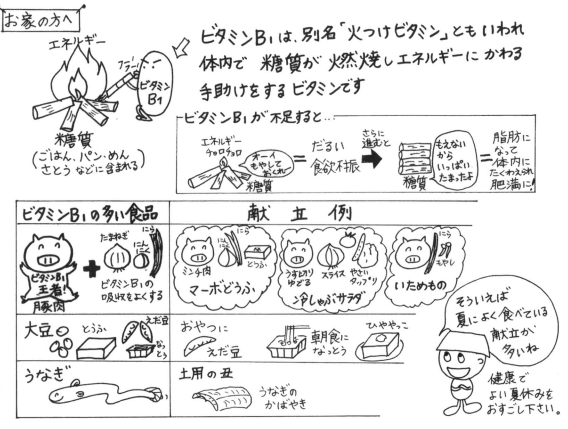

使い方例 裏表に印刷して使います。夏休み前に配布し、まんがを読んで興味をもった保護者の方が、さらにビタミンB_1についての知識を深め、ご家庭での食事に役立ててほしいと思い作りました。

ポイント 夏に限らず、糖質の摂取量が多くなるときにはビタミンB_1の摂取量も増やす必要があります。とくにスポーツをする人は、活動に多くのエネルギーを必要とするため、意識してとりましょう。

大きい おかず（主菜）と 小さい おかず（副菜）の おはなし

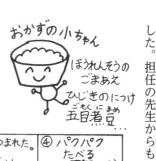

思い出メモ

初めてこの資料を書いたのは、今からもう20年も前になります。当時は、主菜は大きい方のおかずの食器に入れるので「大きいおかず」、副菜は小さい方の食器に入れるので「小さいおかず」という呼び方が定着していました。赴任して間もないその学校は残菜が多く、とりわけ野菜中心の「小さいおかず」が空になることは滅多にない状況でした。残ったおかずを見てため息をつく私に、子どもたちが言ったのは「小さいおかずがなかったら残菜ないのになぁ…」という言葉でした。担任の先生からも「大きいおかずは、何とか食べるけど小さいおかずがね え…」と。そこで「大ちゃん」「小ちゃん」というおかずキャラクターを作り、まんがにして給食だよりにのせてみました。まんがを通してそれぞれの登場人物の気持ちになって考えることで、主菜と副菜を組み合わせることの大切さに気づいてほしいと思いました。加えて、担任の先生にも全学年で共通して「いただきます」の前に献立名をクラス全員で声を出して復唱すること、そして給食指導でも「大きいおかず・小さいおかず」どちらであったものを、学年に応じて主菜・副菜の呼び方を意識するようにしてもらいました。時間はかかりましたが、少しずつ定着する中で残菜が少なくなっていきました。何よりうれしかったことは、少しずつ定着する意識が芽生えていったことで、子どもたちの中に主菜と副菜はセットという意識が芽生えていったことです。日々のくり返しの中で意識し定着させるしくみを考えていくことが、「子どもたちに生涯健康な食生活を自分で作り出すことができる人になってほしい」という最終目標につながっていくのではないかと思います。

お家の方へ

「小さいおかずがない！」先日、ちょっとした手ちがいで教室に小さいおかずが届くのがおくれた時に子どもたちからこんな声があがったそうです。それを聞いて、シメシメ！と思いました。給食では必ず大きいおかず（主菜）と小さいおかず（副菜）はセットであるものだという意識が子どもたちに根づいているということを感じたからです。この意識が日々の食事のふり返りや、将来の食事作りにつながっていくことで子どもたちが健やかに成長し健康でいてくれることを願っています。

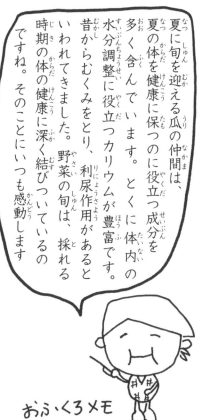

8月

使い方 8月31日の「野菜の日」にちなんだイラスト資料です。大人の1日の摂取目安の350gを知らせる導入などにご使用ください。

※8月のイラスト資料のデータはカラーになります。

9月

9月の資料によせて

下の『きん肉をつけるぞ!』の資料は、「食べる」「動く（運動する）」「寝る（睡眠）」は、それぞれ独立した事柄なのではなく、お互いに健康づくりに密接に関わっているということを子どもたちに知らせたいという思いで作りました。最後のコマの「○○○○」の中に入る言葉には正解はなく、子どもたちが自分自身で考えられるようにしました。私の学校で子どもたちが考えた言葉をいくつか紹介すると、「きんにく」「けんこう」「かんぺき」、それから「よいからだ」といったものもありました。

2つ目（p.144）の『背の青い魚の話』を作ったのは、もちろん栄養士としては栄養面でのよさを伝えたいと思ったからですが、じつは個人的に最も興味をひかれたのは、「背が青いことで空からの敵（鳥）から、そして腹が銀色であることで海底からの敵（大型魚）から身を守っている」ということでした。よく低学年の国語科の時間で扱われることの多い『スイミー』は、群れを作って団結して大きな魚から自分たちを守る魚たちの話です。こんなふうに力を合わせてしたたかに生き抜いてきた彼らが食卓にやってきて、私たちの健康を支えてくれることに、命をいただいていることのありがたさや重みを感じる気持ちが生まれてきました。

おたよりは学級指導で担任の先生に使ってもらって指導していただいていました。そのときにクイズやクロスワードも入れておくと、子どもたちはさらに興味を持って見てくれたようです。青魚の資料では、子どもたちに色鉛筆で魚の背を"青く"塗ってもらうことを考えました。子どもたちに実際に自分の手を動かして青く塗ってもらうことで、青い背をもつ魚の種類や特徴について覚えてくれたら将来の役に立つのではないかと思っています。

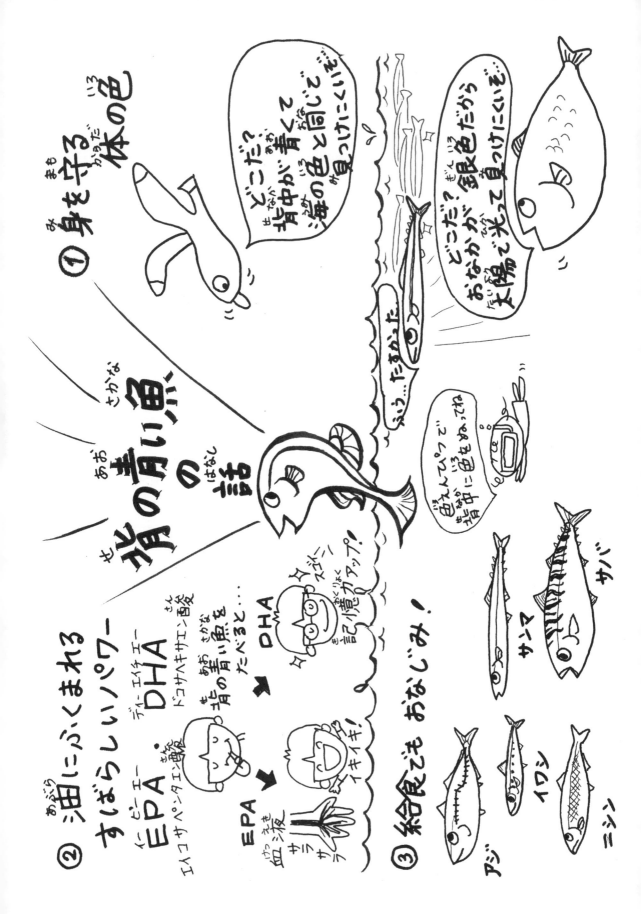

昔は、月の満ち欠けによって1年の暦が作られたり、農作業が進められていたと伝えられています。月は人々の生活と深く結びついていたのですね。また「さといも」は、米よりも古くから日本で作られてきた作物です。別名「いも名月」ともいわれる十五夜の月見に、さといものおいしさをよく味わって食べてみたいですね。

おふくろメモ

10月

10月の資料によせて

　試食会で保護者の方から「給食のご飯って多いですね。家ではこの半分くらいのお茶わんで食べています」という話をよく聞きました。子どもたちの食べる様子を見ていても、食べる前からご飯を減らしに来る、ご飯とおかずを一緒に食べないなど、主食を少なく食べる傾向にあるようです。担任の先生の中にもおかずの残りがあることには敏感であっても、ご飯やパンの残りは仕方ないといった意見もあります。さらに最近、「糖質制限ダイエット」などがメディアで騒がれていることも、そうした傾向に拍車をかけているようです。しかし、理想的なPFCバランスを作るためにも、主食をしっかり食べることの価値を伝え、給食献立では、おかずも含め、すべてトータルした形で栄養バランスがとれていることを知ってもらいたいと思いました。下の資料はそんなことを考えて作ったものです。

　2つ目の資料は、勤務校で「食べる力を伸ばそう」という給食の目標を設定していたとき、子どもたちが日々の給食について自己評価できるように作ったものです。この「食べる力のめやす表」をおたよりに書いたり、ランチルームに常時掲示したりしていました（p.38）。五段階あるパワーの、それぞれの食べ方と、自分のその日の食べ方を照らし合わせて、当てはまるところがその日の「食べる力」です。パワー0（ゼロ）から順番にチェックしていって、学年が上がっていくにつれ、最高位のパワー4の力をつけてほしいと話をしていました。

　ある日、「これきらいや、こんなんまずい！」とよく言っていた子がランチルームで食べたとき、私のところにやって来て、「先生、今日、ぼく『まずい』って言うのをがまんしたし、パワー0からパワー1に上がったわ」と誇らしげに言ってくれました。私も「すごいやん！自分で食べる力、パワーアップしたんやね」と返して、互いに成長を喜び合ったことを思い出します。

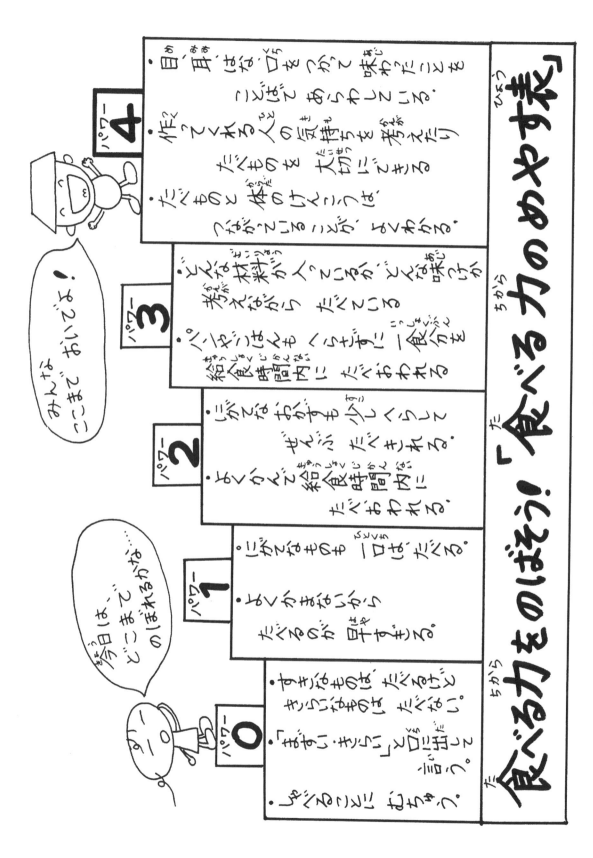

思い出メモ

畦豆（あぜまめ）は、私が子どもの頃の原風景です。稲刈りが終わった後、畦豆の若いさやをゆでて食べたときの豆の甘さ、また畦に残して完熟させてカラカラに乾いた畦豆をむしろに広げて叩くと、コロコロと丸い大豆がさやからこぼれ落ちたこと。そうそう豆がらはお正月の雑煮を作るとき、その大豆をゆでてつぶして味噌だるに丸めて叩きつけたこと。そうそう豆がらはお正月の雑煮を作るとき、おくどさん（かまど）の焚き付けにするとパチパチ勢いよく燃えていったっけ……、と走馬灯のように次々と思い出されます。今は田植えや稲刈りは機械でするようになり、農作業も昔にくらべずいぶん楽になりました。でも機械のじゃまになる畦豆は次第に田から姿を消していき、代わりに「畦シート」なるものが登場するようになりました。

小学校では5年生の家庭科に「ごはんとみそしる」の単元があります。なぜご飯に合わせる汁がみそ汁で、すまし汁ではないのか——。当時はその意味を子どもたちにきちんと伝えることができていませんでした。自分の未熟さが今なお悔やまれます。

おふくろメモ

畦豆は枝豆として食べることもしましたが、稲と一緒に天日干しした後、大豆として収穫し、各家でみそ作りをしました。「ご飯とみそ汁」の組み合わせの、それぞれの材料を自給自足する、昔の人の知恵に感嘆せずにはいられません。
また米と大豆という組み合わせは、栄養学的にもすぐれたものであることがわかっています。

11月

使い方例

「まごわ（は）やさしい」の和食食材の資料は、家庭で献立を考えるときの参考にと作ったものです。給食だよりの裏面に載せて配りました。また下のキャラクターは、1月の全国学校給食週間に合わせ、校内で募集した標語コンクールで賞品にしたこともあります。プリントアウトしたものをパウチして裏にマグネットシートを付け、冷蔵庫に貼れるようにしました。それぞれの食材が「OK」と言っているのは、子どもが「今日もこの食品がとれたかな？」とチェックできるようにと加えたものです。

※「まごは（わ）やさしい」のキャラクターのデータはカラーになります。

ポイント

10月に続き、好き嫌いせず何でも食べることが大切なことを伝えるため、たんぱく質、ビタミンD、カルシウムの栄養素が体内で働くしくみをまんがの資料にしました。多少苦手な食品でもがんばって食べなければならない意味を知って、自分のがんばりは自分の体を健康にしているんだと子どもたちが感じてくれたらうれしいです。

11月23日の「勤労感謝の日」にちなんで、京都市では給食感謝の献立を取り入れていました。11月のおたよりには、毎年、感謝して食べることについての話題を掲載しました。資料は給食だよりのほか、色を塗ってランチルームの掲示物にもしました（p.37参照）。

掲示物加工例

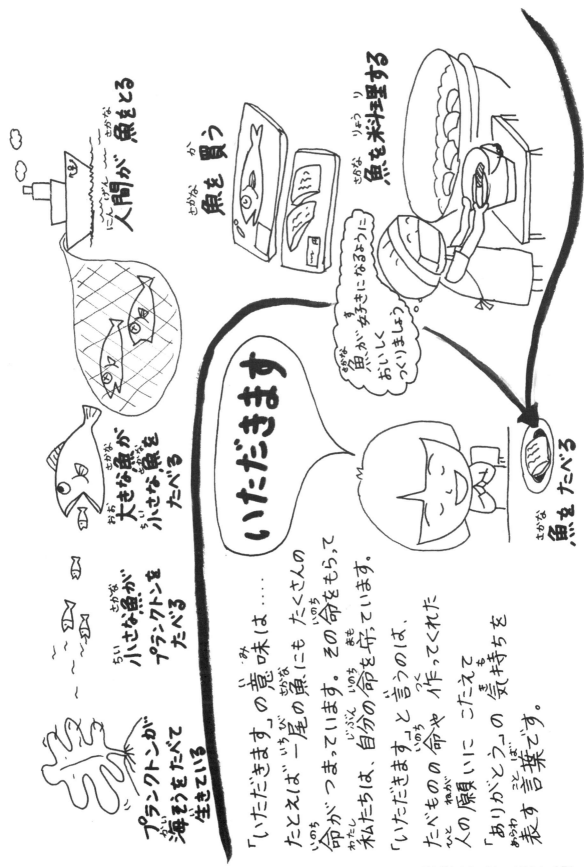

ポイント

「おふくろぼうや」のまんがは、翌24日の「和食の日」にちなみ、だしの話題です。「1+1＝7.5」（うま味の相乗効果は7〜8倍といわれる）の「だし算」は、合わせだしの知恵を伝えるものですが、同時に植物性食品のうま味（トマトやねぎなどにもグルタミン酸が多い）と動物性食品（イノシン酸は肉や魚に多い）のうま味の違いにも興味をもってもらえたらと思っています。

まめ知識

干ししいたけのうま味成分であるグアニル酸にも相乗効果が知られています。おもしろいことに生のしいたけにはグアニル酸はなく、干すことではじめて生まれるそうです。しいたけを干すとビタミンDも増えることも知られていますから昔の人の知恵にはあらためて驚かされます。ちなみにグアニル酸とグルタミン酸の相乗効果は30倍といわれます。

おふくろメモ

昆布のグルタミン酸とかつお節のイノシン酸を合わせると、うま味がとびぬけて強く感じられる「だし算」は、「うま味の相乗作用」と言われ、日本の学者によって科学的に証明されました。それは昔から、和食では「あわせだし」として昆布とかつお節を組み合わせてだしをとっていたからですね。だしの「うま味」は国際的にも「UMAMI」と日本語で呼ばれています。和食が世界の人たちにみとめられてとてもうれしく思います。

12月

新感覚・ぬくもり食育資料集
がんばれ！きゅうしょくぼうや

12月の資料によせて

年越しや大晦日、そしてお正月のおせちや七草など、1年の中でも日本の伝統的な行事食が目白押しとなる年末年始は、学校ではちょうど冬休みの期間にあたります。物事の始まり、終わりを大切にし、人々の幸せや健康を食べ物に託しながらいただく、先人たちから受け継がれてきた思いを子どもたちに伝えていきたいと思います。そこで冬休み前のおたよりに、クイズ形式の資料を作りました。おうちの人と一緒に考えながら問題を解いてみることで、昔から大切にされてきた行事食についての理解を深め、意識できるようにしました。

「よく味わって食べて！」。何気なく子どもたちに言ってしまう言葉ですが、「味わう」とは、具体的にどんなことをするのか、何に気をつけるとよいのか、そしてどんなよいことがあるのか。そんな「味わうことの大切さ」について子どもたちに知らせたいと思い、掲示物をランチルームに作りました。そこでは「食事のよいところを見つけて、それを適切な言葉にしていくことで、味わうことが体と心の成長を支え、食文化を作り上げていくのです」と子どもたちに伝えました（pp.36〜37参照）。 資料『味わってたべよう』

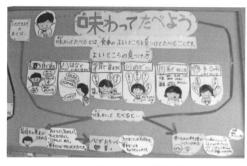

ランチルームの掲示物

は、その掲示物を家庭配布用の資料にしたものです。忙しさに追われ、ついつい食事の準備や食べることに費やす時間が、何か真っ先に省け、また節約すべき時間と思われがちな昨今。食に向かい合い、よく味わって食べることが体だけでなく、心や人間関係も豊かにしてくれることは、子どもたちだけではなく、今の多くの大人の方たちにもあらためて気づいてほしい事柄です。

第4章

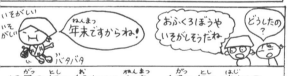

味わってたべよう

「味わってたべる」とは、「食事のよいところを見つけてたべる」ことです

よいところの見つけ方

👁 目で見る	👃 はなでにおいをかぐ	👂 耳で音をきく
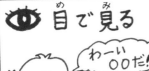「わーい○○だ！」「きれいな色」「形がそろっていておいしそう」	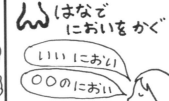「いいにおい」「○○のにおい」「こうばしい」	かむ時に、耳をおさえて音をきいてみよう「シャキシャキ」「パリッ」「コリコリ」
🖐 のどごし のどをとおっていくようす	👅 舌でかんじる	✋ 手・口の中でふれてかんじる
「つるりん」「ごくん」「すーっ」	味…あまい、すっぱい、にがい、しょっぱい、うまみ… 温度…あたたかい、つめたい	「じわー」「ピリッ」「ホカホカ」「ほくほく」「ひんやり」

味わってたべると…

気持ちや考えがうまれる

「おいしい」「たのしい」「ごはんに合う」
「もっとたべたい」
「苦手だったのにたべられてうれしい」

心がおちつく・心が育つ

「ありがとう」「たべることは大切だな」
「苦手なこともちょうせんしよう！」

たべものや料理がうけつがれていく

学校のカレー
「たまねぎのあまみがきいてるね！」「サラッとしてちょっとピリッ」「すごくこうばしいカレーのにおい」「わかるわかる」

p.153
「年末年始の行事食を知ろう」

クイズの こたえ

① ─ ア　② ─ イ　③ ─ ウ
④ ─ ウ　⑤ ─ ア

第4章

おふくろメモ

日本料理は「目で味わう」とも言われて、見た目の美しさや盛り付けにとても気をつかいます。「かくし包丁」は、材料の見えないところに切り目を入れて、姿や形をきれいに保ったままでも煮えやすく、また味もしみ込むようにするための工夫ですが、じつは食べるときにもおはしだけでも食べやすいようになっています。食材を美しくおいしく料理すること、そして食べる人のことを気づかう心を私たちも大切にしていきたいですね。

1月

1月の資料によせて

なぜか1月というと、私の中には「かるたとり」というワードが浮かび上がります。子どもの頃、こたつに入って、家族でかるたや百人一首をしたことが楽しい思い出としてあるのだと思います。そこで新年の企画として『たべものと けんこう かるた』(p.127)を考えてみました。学校でプリントして子どもたちに配ったり、給食週間に体育館でかるたとり大会をしたこともありました。また画用紙に1枚ずつ描いて掲示物にもしました。ランチルームで食べているときに、ふと目をやる子どもたちを見て、かるたに書いた内容が子どもたちの心に残ればいいなと思っていました。

「たべものと けんこう かるた」
PDF版はCD-ROM第3章フォルダから

そして1月24日からの全国学校給食週間に合わせ、私が勤務していた学校では1月の最終週や、2月の第1週に給食週間を実施していました。給食週間は子どもたちの給食委員会が中心となって、いろいろな取組が進められるよう、夏休み明けから月1回の委員会活動の時間を利用して、話し合いやイベント練習、準備をしました。1月の給食だよりではその取組内容を紹介するとともに、学校給食の役割や給食週間の意味を知らせ、全校で取り組めるようにしました。下の資料はそのときの資料から作ったものです。

「おふくろメモ」は「七草がゆ」についてです。明治までは旧暦で行われたため、今の1月7日とは1ヵ月ほどの遅れがあります。そう考えると、昔の人は季節の移り変わりを敏感にとらえ、生活に役立てていたのだなぁと感心します。

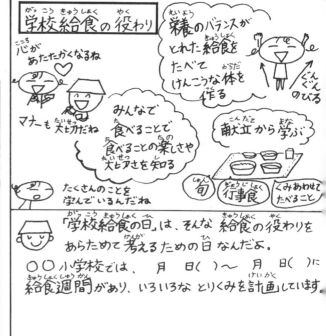

せり、なずな、ごぎょう
はこべら ほとけのざ
すずな すずしろ
　　これぞ七草

おふくろメモ

百人一首の和歌に
「君がため 春の野に出でて 若菜つむ
　わが衣手に 雪はふりつつ」(光孝天皇)
という一首が残されています。
この若菜というのは、春の七草のことを指します。
古くから人々は、若菜の芽吹きの生命力を体の中に
とり入れることが、冬に不足しがちなビタミン類などを
補って健康を守り、病気を防いでくれることを
よく知っていたのですね。

1月おまけのまんが

※1月おまけのまんがのデータはカラーになります。

2月

2月の資料によせて

2月は、2年生で『おはしの学校』で指導することに関連づけ（第一章 p.77～）、そこでも紹介した『おはしの学校シリーズ』の資料を作りました。資料は掲示物にしたり、給食だよりの1コーナーとして何回か連載したこともあります。

「おふくろぼうや」の資料は「干す」についてです。乾燥する冬は、凍り豆腐や寒天などの乾物がつくられる時期です。また、しいたけなどは干すことで、うま味物質やビタミンDが作られます。食べ物をむだにせず、おいしく食べる先人の工夫を子どもたちに知らせることができたらと考えました。

紙芝居『おはしの学校』
第2章 pp.82～85

おはしの学校　「はし」とよぶのはなぜ？

鳥のくちばしに にているから

1番最初のはしは、竹のはしとはしをあわせてつかったから

たべものと口のかけ橋だから

はさむ道具だから
はさむが はしに....
はさむ→はしむ→はし

柱に にているから
柱は大切なものなので

「はし」を数える時は、
「一膳」
「二膳」...
と数えます

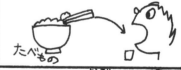

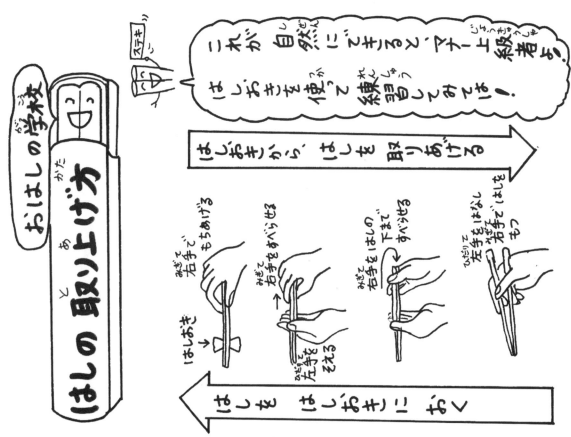

「きらい箸」に気をつけて！ / おはしの学校

たべる時にしてはいけない はしの使い方を「きらい箸」といいます。「きらい箸」には 3つの理由があるんですよ。
- ♥ いっしょに たべる人に いやな思いをさせる
- ★ はしや食器をいためる
- ■ 昔から「えんぎが悪い」とされていること

♥ ふり上げばし
はしを ふり上げながら話すこと

♥ なみだばし
はしの先から汁をポタポタとたらすこと

♥ さしばし
料理に はしをつきさして たべること

★ よせばし
はしで お皿をひきよせること

■ はしわたし（ひろいばし）
はしとはしを使ってたべものを つけわたしすること

■ わたしばし
たべている とちゅうに、はしを食器の上にわたして おくこと

♥ くわえばし
はしを口にくわえて食器など手にもつこと

■ たてばし
はしを ごはんの上にたてること
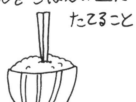

■★ たたきばし
はしで食器をたたくこと

★ そろえばし
はしの先をつくえの上などでそろえること

♥ かきこみばし
茶わんなどに口をあててかきこむようにたべること

♥ さぐりばし
食器の底の方にあるかなと はしでかきまぜさがすこと

手先と脳

みなさん、手先と脳はつながっているんですよ。
手先をよく動かすと頭がよくはたらきますよ。

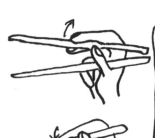

おはしを正しくもって使うと手先がよく動いているね。

手は第二の脳
おはしを上手に使って脳をきたえよう！

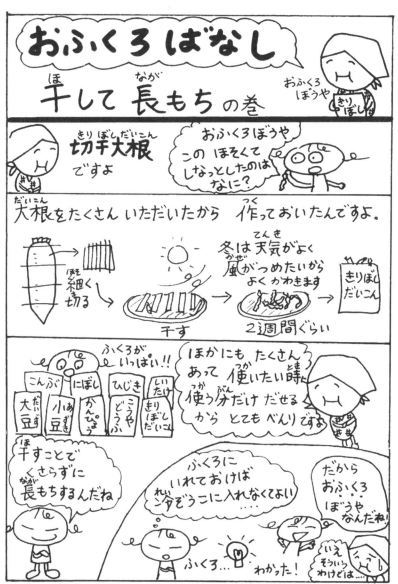

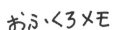

日光や風などに当てて、食べ物の水分をぬく、「干す」という保存の仕方は、昔から伝えられてきた生活の知恵です。
たくさんできたり、たくさんとれた食べ物を腐らせず、長い間保存できるだけでなく、食べ物によってはうま味や栄養が増えることがわかっています。
野菜や魚などの命をいただいている食べ物をむだにしてはいけない、もったいないという気持ちを私たちも受け継いでいきたいですね。

3月

3月の資料によせて

3月は、1年間のまとめやふり返りをする月です。給食についても「1年間をふり返って」をテーマに給食だよりに書いてきました。

はじめの資料は「たのしいきゅうしょく」を頭文字に、読みやすいように語呂合わせをしています。教室で一度声を合わせて読んでもらいます。その後、1年間の給食をふり返ってできなかったことや、がんばったことをそれぞれが反省して書き込むことのできる欄を設けています。しかしてがら、一番大切なのは、「給食終了までの3月の給食時間で『たのしいきゅうしょく』の項目が全部できるようにがんばってみよう！」と担任の先生が最後に子どもたちに呼びかけてくださり、みんなで取り組むことではないかと思います。3月は反省して終わる月ではなく、反省を生かす月ではないかと思うからです。

そして3月の半ばには異動の内示があり、次の勤務校が決まるときもあります。「わすれないで」の資料は、そんな年の給食最終日に出したおたより資料です。

3月はメッセージを送る月でもあると思います。

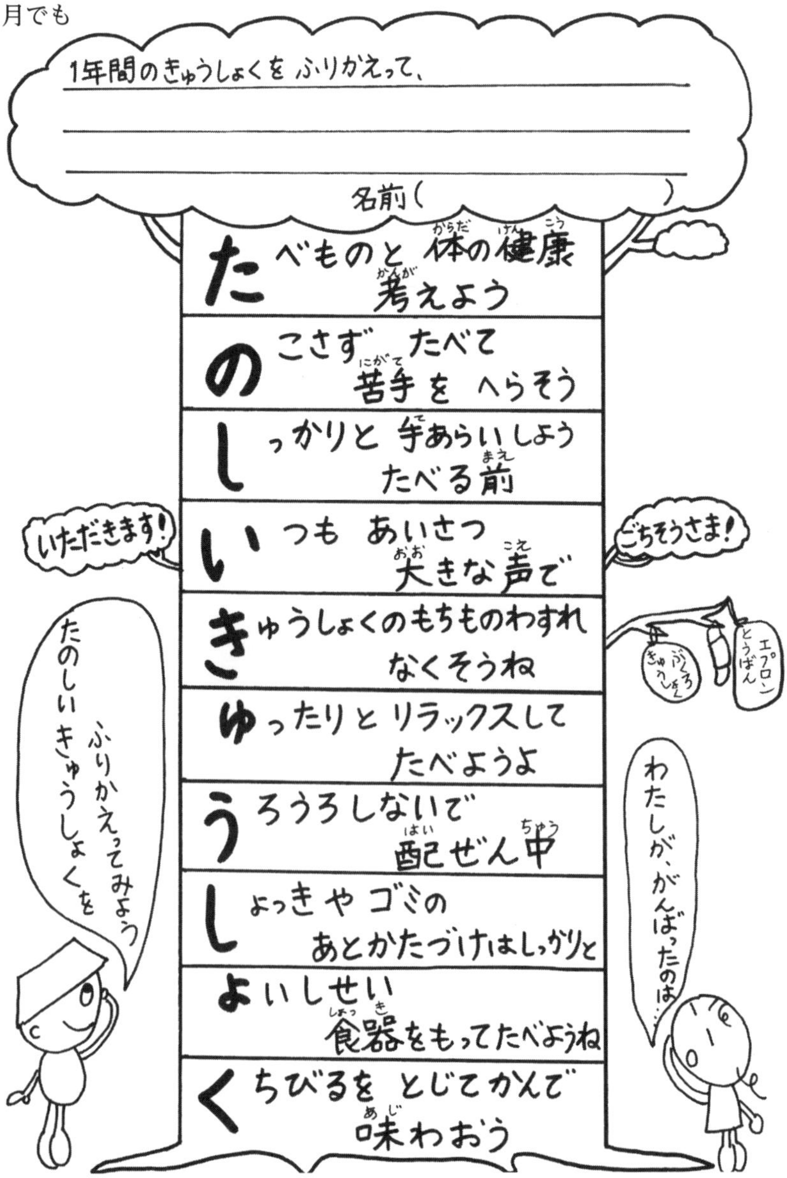

1年間のきゅうしょくを ふりかえって、

名前（　　　）

た	べものと 体の健康 考えよう
の	こさず たべて 苦手を へらそう
し	っかりと 手あらいしよう たべる前
い	つも あいさつ 大きな声で
きゅ	うしょくのもちものわすれ なくそうね
う	ゆったりと リラックスして たべようよ
し	ろうろしないで 配ぜん中
ょ	しょっきや ゴミの あとかたづけは しっかりと
く	よいしせい 食器をもってたべようね
	くちびるを とじてかんで 味わおう

いただきます！　ごちそうさま！

ふりかえってみよう たのしい きゅうしょくを

わたしが、がんばったのは・・・

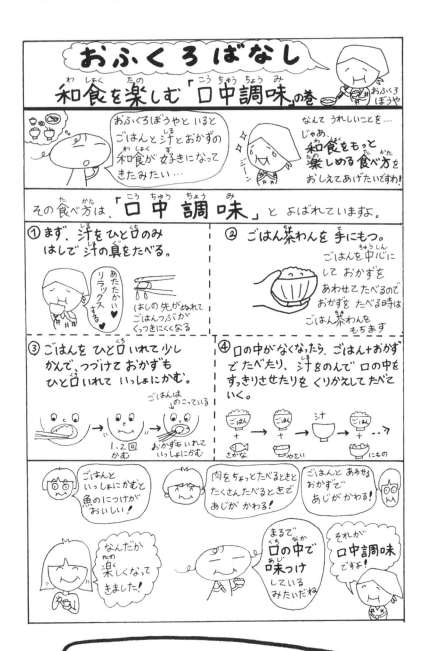

「一汁三菜」を基本にする和食のおかずは、ご飯と一緒に食べるとちょうどよい味付けになっています。
口の中で、ご飯におかずの味を重ねて、よくかみ、味わいのうつろいや変化を楽しむ「口中調味」は日本人が昔からしてきた食べ方です。
和食と一緒に、その食べ方のよさも伝えていきたいですね。

おふくろメモ

第5章
給食のまほう
～堀井秀美先生の食育～

月刊『食育フォーラム』編集長
吉田賢一

堀井先生との出会い

「吉田さん、せっかく京都に行くんだったら、ぜひ堀井先生の学校にも行ってきてみて。私も一度見てみたいと思ってるんだけど、なかなかチャンスがなくて…」。今度、京都に出張すると伝えたとき、猪瀬里美先生からこう言われたのは、2011年のことだったと思います。そして堀井先生の『はしだまくん』や『おやつっち』の写真や資料を見せていただきました。

猪瀬先生は埼玉県の栄養教諭で、私たちの雑誌『食育フォーラム』の連載や取材でいつもお世話になっている先生です。熱意にあふれ、進取の精神にも富むその食教育実践にはいつも敬服していただけに、「その猪瀬先生が『一度見てみたい』とおっしゃる堀井先生とは、一体、どんな先生なのだろう」と好奇心をもったのが私が堀井先生を知るきっかけでした。

向島藤の木小学校にて

こうしてはじめて堀井先生とお会いしたのは、2012年の春で、当時ご勤務されていた京都市立向島藤の木小学校に先生を訪ねました。向島藤の木小学校は京都市郊外の向島ニュータウンに1983（昭和58）年に開校されました。

このニュータウンは、豊臣秀吉による伏見城築城の際に行われた宇治川改修で巨椋池から分かれてできた「二の丸池」を1970年代に埋め立てて造成された街です。高層団地群がそびえ、向島藤の木小学校も往時は700人を超える児童数があったそうですが、取材したときは220人ほどの小さな学校になっていました。

温かみのある教材にふれて

学校に入ると、早速ランチルームに案内されました。足を踏み入れて驚いたのが、その温かな佇まいです。床と壁一面が無垢材の板で覆われていて、部屋の隅には小さな読書コーナーもあり、窓から春のうららかな光が差し込んでいました。このまま何時間もひなたぼっこをしながらくつろげそうでした。詳しくは本書第2章2節「食のふるさとランチルーム」（p.32～）に書かれてありますが、中でも私が注目したのはレンガで積まれた暖炉でした。暖炉は「かまど」でもあります。「かまど」は、古代ギリシアでは「家庭」の象徴で、哲学者アリストテレスはホメロスを引きながら、人間が人間であるゆえんとして「共同体（なかま）」「法（きまり）」と並んで、この「かまど」をあげていたように記憶しています。

これは後で知ったことなのですが、この山小屋のようなしつらえのランチルームのある学校は、向島藤の木小のほかにも京都市内には複数校あるのです。かつて地域のコミュニティールームも兼ねて作られたものらしいということでした。京都らしい、高い見識と深い教養に裏打ちされた施策です。そして、そのかまどの上に古いアルマイト製食器で作られた男の子の人形

と女の子のイラストが掲示されていました。

『きゅうしょくぼうや』と『キライちゃん』

この2つは、堀井先生の食育には欠かせないキャラクターです。イラストでは四角やだ円などシンプルな線で描かれ、まねて描きやすいので、京都市や府下の学校の給食だよりや教材によく登場しています。でも『きゅうしょくぼうや』の方はまだしも、なぜ『キライちゃん』なのか、その理由を伺ってみたいと思っていました。それについては、本書で堀井先生が誕生の秘密をまんがで描いています（pp.2～4）。

この2つのキャラクターは、複雑で割り切れない子どもたちの心の象徴でしょう。そこに優しく丁寧に寄り添いながら、『食』を大切にできる人を育てていきたい…。その願いをもとに生み出されてきた堀井先生の教材や資料は、その独特の味わい深い手描き文字とイラストで、生きる力の基礎を養う大切なこの時期の子どもたちが持つ、「もっとよくなりたい」という意欲をそっと優しく後押しします。どれもその子にとって一生とけることのない"食育のまほう"を春のそよ風のようにふわっとかけていくかのような素晴らしいものばかりでした。

しかし、今からふり返ると、その時点ではまだ私自身、堀井先生の教材のうわべのユニークさだけに目をひかれ、その本質まで十分に気づけていなかったと思います。

教材の裏にある哲学

月日が流れ、2017年3月に堀井先生がご退職されたことを知りました。その後、連絡を取り合う中で、これまでの取組をまとめてみようとなり、2018年の早春に先生のさまざまな教材や資料を見せていただけることになりました。そこで私は堀井先生の教材の秘密を発見するこ

ランチルームの暖炉の上に飾られた「きゅうしょくぼうや」と「キライちゃん」

とになります。

日帰りで、午後に滋賀で別の予定を入れたため、堀井先生とは午前中に京都駅で待ち合わせをしました。正午には電車に乗らないといけないと伝えると、「いい場所がある！」と、駅直結の自由通路の休憩スペースに案内してくれました。堀井先生はスーツケースいっぱいにたくさんの手作り教材や資料を持ってこられていて活用の仕方を実演も交えながら詳しく説明してくれました。私も夢中になって聞くうちに、気がつくと電車の出発間際までかれこれ3時間近くも話し込んでいて、後で「お茶ぐらいごちそうしなくては」と恥ずかしくなりました。

やはり教材だけを見ているのと、作られた心を聞くのとでは大違いです。「これは教材の素晴らしさだけでなく、それを生み出し、使ってきた堀井先生の哲学の素晴らしさなのだ」と、はたと気づきました。ここでの「哲学」とは考え方の軸のことです。それを伝えたくて、雑誌連載を企画しました。それが本書第2章のもととなった「啐啄（そったく）食育」です。

理論と実践の輪

堀井先生の実践では、心理学者ピアジェのいう「前操作期」「具体的操作期」の間にある小学校低学年〜中学年への指導が、とくに素晴

給食のまほう

らしいと思います。それはまず徹底的に具体性、そして人格性にこだわるということです。たとえば第2章の1年生向けの給食ガイダンス「きゅうしょくとなかよくなろう」で、先生は次のように書かれています。

「指導では、1年生の子どもたちに栄養士である私や、調理員さんの名前と顔を知ってもらうことに重点を置いています。それが給食に対する子どもの信頼を育む基礎になると考えるからです。どんな人が自分たちの食べるものを作っているのかをしっかり心に留めてもらいます。／この時期の子どもたちの発達段階の特徴として、『大人が「いけない」ということは、してはならない』といったように、物事の判断も大人に依存してなされ、教師や保護者の影響をとても受けやすいといわれます。その意味でも『誰が言った』『誰が作った』ということを子どもたちにはっきりさせておくことがとても大切で、給食でもそれが子どもたちの安心感や信頼の醸成につながっていくと思うのです」（本書 p.25）。

さらに「私は、給食はお昼ご飯ではなく『勉強』であるということを給食開始から4月の給食時間を使ってオリエンテーションしていきたいと考えていました。勉強だからこそ準備から後片付けに至るまでルールがあること。献立の名前を復唱したり、その日の献立や食材について知ったり、食べ方を教えてもらったりもすること。苦手な食べ物も少しずつ食べて慣れていくことが健康や喜びにつながっていくことを学ぶこと。そしてその勉強は『あ～、おいしかった』『たのしかった』『がんばった』というように、おなか（体）にも心にも満足を伴うものだということを、この最初の時期に子どもたちが腹の底から感じることが、その先の6年間の中で給食や食の指導を通し、子どもたちの『食事観』を形成していくうえで大切なことだと思います」（p.22）ともあります。

ここにある「食べ方を教える」というのは、とても大事な視点です。この姿勢は子どもの口腔機能や手指操作の発達理論とともに実践される『まほうのたべかた』（第2章3節）や『おはしの学校』（同5節）にも表れています。

子どもの願いと主体性

3年生で取り組む『おやつについて考えよう』にもハッとさせられる視点があります。それは子どもの真の主体性の確保ということです。

現在、「学校の食育」というと、すぐに連想されるのが朝ごはんの指導です。国でも、ちょっと頭を冷やせば到底無理とわかる「朝食の欠食する子供の割合：0％」をこの15年、相変わらず掲げ続け（病気で食べられない子はカウントしないつもりなのでしょうか）、1桁に満たない数値変動で大騒ぎします。もちろん福祉という面から、貧困や虐待等の問題に向き合わざるを得なくなる、このゼロ目標が果たす一定の役割は認めます。しかし憂慮するのは、子どもの朝食摂取状況が、そのまま学校の栄養教諭の仕事の評価になっていることです。他にわかりやすい子どもの食行動の変容をみる指標が見つからないせいもありますが、これはやはり問題です。

さらに「朝ごはん指導」の難点は、子どもたちだけの力では如何（いかん）とも解決しがたい要素が多すぎることです。子どもたちにはまだ朝ごはんを自分で作る力もなく、金銭を用いて代替手段を探すこともできません。つまり、子どもが自分でコントロールできる事柄からかなり遠いのです。その点、「おやつ」なら同じ食事の指導でも少しハードルが下がります。「選ぶ」という行為を通し子どもたちが主体的に関わる・関われる余地が「朝ごはん」よりずっと広いからです。

ここで堀井先生は、「ギャングエイジ」と呼ばれ、保護者から一定の自立を志向しはじめる小学校中学年の時期で指導することを提唱して

第五章

がんばれ！きゅうしょくぼうや　169

います。以前取材したとき、堀井先生はこうも言われていました。「おやつの指導はとても難しいです。まずおやつは必ず食べなければならないものではありません。しかし、今の子どもたちの身の回りにはあふれ返っていて、しかも実際、よく考えないまま毎日のように食べています。子どもの置かれた家庭環境も大きく影響してきます。たとえば家に帰って冷蔵庫を開けても、そこにあるのはビールのおつまみやコンビニのおかずだけといった家の子に、いきなり『おやつの成分に気をつけよう』などと言っても通じません。こうした理想と目の前の現実のギャップをどう埋めていくかも考えました。いきなり『〜を食べろ・食べるな』ではなく、自分自身で気付き、よくなりたいと思う気持ちをそっと後押ししてあげたいのです」。

こうして生まれたのが、ユニークな教材『おやつっち』を使う、「おやつについて考えよう」（第2章4節 p.61〜）の授業です。ここでも子どもの発達段階をとらえ、「分類」という知的作業に興味をもちはじめる姿を的確に捉え、適切なタイミングで指導を入れていく堀井先生の姿があります。さらに授業だけで終わらせず、おたよりや遊びという形で継続的に子どもたちの生活の中に溶け込ませていく手立ても同時に考えています。食育にとって、知識や技能の伝

▲授業と並行して取り組む「おやつっちカード」

授だけでなく、このような「学校の食育環境を整えていく」取組は、今後の栄養教諭の仕事として非常に大切な領域になると思います。

地べたを這うようにして

話を『食育フォーラム』での「啐啄食育」の連載開始前に戻しましょう。当初、連載は資料をもとに私がまとめる形を考えていました。そして出来上がった試作版を堀井先生に見ていただいたときのことです。先生は開口一番、「吉田さん、これ、なんか違う…。これでは私がどこか"上から目線"で話している。でも、本当は私自身、地べたを這うようにしてもがきながら、苦しみながらやってきたことなのです。こんな、はじめからわかっていたかのように偉そうに言えることではなくて、辞めた後も、ときどき『ああしとけばもっとよかったな…』とか、『こんな方法や考え方もあったんか』と思って、今さら後悔してしまうことの方が多いんです」と、電話口で懸念を示されたのです。

いただいた指導案についても、「私、指導案って絶えず上書きされていくものだと思うんです。これで完成形というものではなく、指導を重ねるたびに、そして子どもたちの実態によってどんどん変わっていく…。そのことも今の若い先生たちにうまく伝えていきたいな」と。

"すぐに役立つ"知識や技術が書かれたマニュアルを喜ぶ今の風潮に迎合せず、むしろ思考の鋳型（いがた）となる「見方・考え方」を伝えたい。そして後進の先生方にも常に寄り添い、一緒に考え、学んでいく同伴者でありたい。それは新しい学習指導要領の精神とも合致する、堀井先生の教育者としての姿でした。

ところで、2019年春に文部科学省から発表された『食に関する指導の手引−第二次改訂版−』では、栄養教諭の定義として、「管理栄養士又は栄養士の免許を有しており、栄養に関する専門性と教育に関する資質を併せ有する教師

です」（同書 p.14）と書かれています。まさにこの「教育に関する資質」、そして教師としての力量の向上を今後の栄養教諭は真摯に求めていかなくてはならないのではないでしょうか。そのとき、この堀井先生の歩み、常にオープンマインドで学び続ける姿勢は、後進のみなさんを大いに勇気づけるものではないかと思います。

子どもが等しく食育を享受するために

ここで現在、栄養教諭・学校栄養職員の先生方が置かれた厳しい状況について、外部者である私の立場から少し触れたいと思います。

本書の序章で、堀井先生は次のように書かれています。「ただ、思わぬ問題も起きました。京都市では2001（平成13）年に栄養士の複数校兼務の推進が発令されました。私自身も2校兼務から、2011（平成23）年には3校の兼務となり、週2日は他校に出向いて行かなければなりませんでした」（本書 p.14）。

今、栄養教諭・学校栄養職員は、各学校に1名配置されていません。これは、「公立義務教育諸学校の学級編制及び教職員定数の標準に関する法律」の第八条の二で、単独給食実施校において、児童生徒数550人に1名、それ未満は4校に1名という基準が示されているからです。しかもこの場合、栄養教諭一人で見る児童・生徒は、決して足して550人を目安にするわけではありません。たとえば4つの受け持ち校がそれぞれ549人だった場合、法規上は最大1,996人の子どもを1人の栄養教諭・学校栄養職員の先生が見ることも許容する、とてもヘンテコな基準なのです。

さらにセンター方式になると、もっとひどいのです。受け持ちの学校の児童数が1,500人以下で一場1名。1,500〜6,000人で2名、6,000人以上で3名の基準です。この場合、栄養教諭・学校栄養職員一人で10数校の受配校を担当することも可能になってしまいます。

しかしながら、この『食に関する指導の手引−第二次改訂版−』では、「栄養教諭は学校の食に関する指導に係る全体計画の策定、教職員間や家庭との連携・調整等において中核的な役割を担い、各学校における指導体制の要として、食育を推進していく上で不可欠な教師です。全ての児童生徒が、栄養教諭の専門性を生かした食に関する指導を等しく受けられるよう、栄養教諭の役割の重要性やその成果の普及啓発等を通じて、学校栄養職員の栄養教諭への速やかな移行を図るなど配置の促進に努めることとされています」という一文があります（同書 p.5）。これは日本のすべての子どもたちが、学校で栄養教諭による食育を受ける権利があるということをうたってはいないでしょうか。

学校給食の設置者は、多くの場合、市町村です。堀井先生の実践のように子どもたちに寄り添い、丁寧な食育を推進するためには、やはりそれなりの適正な規模があるように思えてなりません。行政には現行の「550人で1名」という、栄養教諭の配置基準を杓子定規に適応するのではなく、「550人までの学校には少なくとも1名。550人を大きく超えたら1人ではとても足りない」という認識に立って、子どもの食育環境をぜひ充実させていただきたいのです。

教育者としての栄養教諭

一人ひとりの子どもと丁寧に向き合い、大切にしていく京都市ならではの教育的風土と伝統も相まって、堀井先生のような「教育としての学校給食」、そして「教育者としての栄養教諭」への思索が深まり、実践が模索されてきました。この宝物を私たちは受け継ぎ、今後は『食に関する指導の手引−第二次改訂版−』でも提唱された、毎日の献立とタイミングよく連動し、他の学びと有機的に結びつく新時代の食育を私たちはまさに"地べたを這うように"追い求めていくべきではないかと思うのです。

終章 あとがきにかえて

堀井秀美

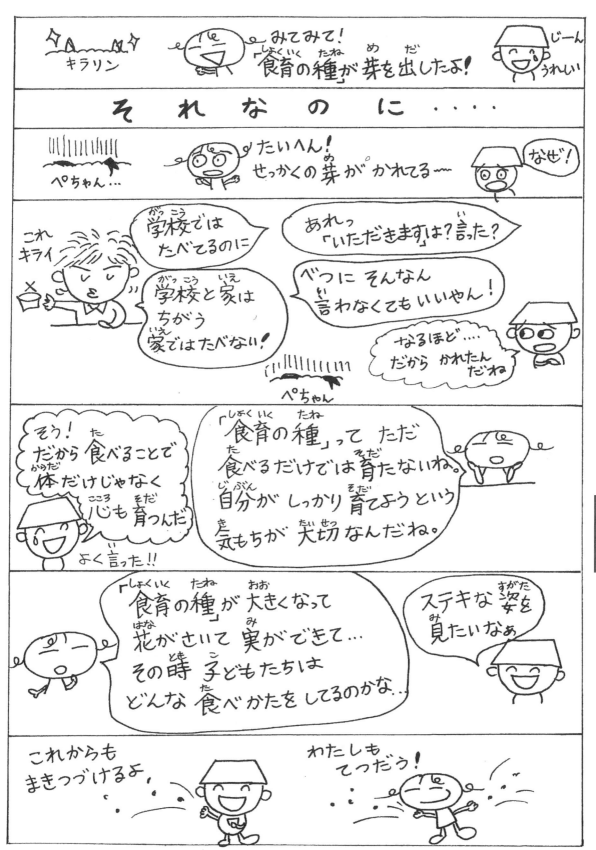

おすすめの本とブックトーク

食べることの心理学
食べる、食べない、好き、嫌い

今田純雄 編　有斐閣選書 (2005年)

「好き嫌いはどうして起こるのだろう？」という答えを求めていたときに出会った本です。本書のはしがきに「あらためて"食べる"ということについて考えたい。食行動の理解を通じて人間について考え直したい」とありました。きゅうしょくぼうやが生まれた背景に重なり、夢中で読みながら、アンダーラインを引き、付箋を貼りました。食育を進めるときの基礎資料にもなります。

揺れる子どもの心と発達

高垣忠一郎 著　かもがわ出版 (1998年)

教育に携わる人間として、外せないことは児童を理解することではないでしょうか。子どもたちが抱えている問題について、いかに向き合うべきか、また発達段階に応じた指導を考えるときに知っておくべき発達の特徴がわかりやすく書かれています。「まず、はじめに子どもありき」の視点を常に忘れないためにも本書は大いに役立ちました。

赤ちゃん学で理解する 乳児の発達と保育
睡眠・食事・生活の基本

三池輝久ほか 著　中央法規出版 (2016年)

かつて生徒指導研修で「子どもの困りが見えたとき、ひとつ前に戻って育て直しを」と学びました。低学年の子どもの食を見るとき、関わり合いに悩むとき、知りたい内容や気づかなかった視点が学べました。
平易な文章で書かれ、イラストもあって読みやすかったです。

食と日本人の知恵

小泉武夫 著　岩波現代文庫 (2002年)

「和食」が世界無形文化遺産に登録されました。給食を通して、日本の食文化や伝統を伝えるとき、私はまず和食に込められた日本人の知恵のすばらしさを伝えたいと思いました。本書は多分野に渡り書かれ、読み進めるごとに先人の知恵に感動しました。「おふくろばなし」の題材にも大いに活用しました。食文化の担い手となる子どもたちを育てていきたいと願います。

からだの四季と野菜の四季
旬を食べる

藤井平司 著　農山漁村文化協会 (1986年)

日本には四季があり、それぞれの季節において、人間の体はどのように変化するかが書かれています。そしてその頃に合わせて育つ植物である野菜が、体の生理にも合致する。「これを「旬」という」と本書には書かれています。旬がますます遠ざかる現代ですが、体の生理と自然が結びついていることを子どもたちにも伝えていきたいと感じます。

生活科・総合的な学習の時間で子どもはこんなに変わる
「思考力・判断力・表現力」
「問題に適応する力」が身に付く教育実践

渡邉彰 著　教育出版 (2011年)

在職中、2校で「生活向上」を視点とした、総合的な学習に取り組んだときの指南となった本です。「教育は意図的、計画的であるべきである」「今まで（過去）どうだったかというより、これから先どう伸ばすかを最優先に考えること」など、教育の原点となる言葉が多数記されています。食に関する指導の内容や進め方においても参考になりました。

健学社の書籍・食育教材

月刊『食育フォーラム』編集部 編

ホームページで 立ち読み マークは内容の「立ち読み」、電子版 マークは電子ブック購入できます！

※価格はすべて本体（税抜）

スーパー資料ブック
食育西遊記＆水戸黄門

三嶋 裕子 監修
石井 よしき／大橋 慶子 絵

CD-ROM付き

B5判 136ページ
本体 2,800円

掲示壁新聞ポスター、パワポプレゼン資料、毎月のおたよりを2年分収録。親しみやすいキャラクターで楽しく食育。先生や子どもたちが写真で登場できる"なりきり"パワポ資料も充実。

スーパー資料ブック
クイズで健康教育

うめちゃん'ず 著
荻原まお／公文祐子／にしかたひろこ 絵

CD-ROM付き

B5判 96ページ
予価：本体 1,800円＋税

現場の養護教諭の先生方が作った、楽しいクイズ資料。フルカラーで見やすく、CD-ROMからプリントして即使用できます。パワポ教材もあり、食も含めた保健指導が面白くなる！

食に関する指導の手引
—第二次改訂版—

新刊

A4判 288ページ
定価：本体 1,300円＋税

平成31（2019）年3月公表。令和の新時代、新しい学校食育の指針となる基本文書を1冊の本にしました。栄養教諭・学校栄養職員、学校給食・食育関係者必携！お引き渡しは令和元年8月1日以降になります。

食育パワーアップ掲示板
天地人ベスト版 CD-ROM付

「食育フォーラム」編集部編

新刊予約

B5判 144ページ
本体 2,600円

「食育パワーアップ」掲示板3部作のベスト版。子どもたちの興味関心を引き、食育教材としても役立つ掲示資料を紹介します。カラーイラストと型紙データ、便利なポスターPDFなどを収録したCD-ROM付き。

新版 それいけ！
子どものスポーツ栄養学

矢口友理 著

CD-ROM付き

A5判 160ページ
本体 2,200円

スポーツをする子どもたちのために、その大きな目標に向かうための食生活のあり方を丁寧に説いています。待望のCD-ROM付でバージョンアップ！

たのしい食事 つながる食育
活用ブック

月刊『食育フォーラム』編集部 編

CD-ROM付き

A4判横判 72ページ
本体 1,800円

文部科学省小学生用食育教材を待望の書籍化。児童用と指導者用ページを見開きでレイアウトし、さらに使いやすくなっています。活用資料、PDF・WORDデータもCD-ROMに収録しました！

行動科学に基づいた食育紙芝居
にがてなたべものにチャレンジ！！

安部景奈 作/絵
赤松利恵 監修
お茶の水女子大学大学院人間文化創成科学研究科栄養教育学研究室

24画
265×380㎜
本体 2,800円

苦手な食べ物も工夫をしてチャレンジしてみることで「いいこと」に気づかせてくれます。1日4枚×5日間の指導でクラスが変わる！

学校における食育の評価
実践ワークブック

（一社）日本健康教育学会 栄養研究会編

A4判横判 32ページ
本体 900円

食育の推進のためには、その効果をきちんと理解できるように評価を示していく必要があります。新時代食育の実践ガイドブック。

スーパー資料ブック CD-ROM付き
食育まちがいさがし＆わくわくブック

公文祐子／日南田敦子 絵

B5判 74ページ
本体 2,000円

「絵のまちがいが食育のまちがい！？」クイズやパズルをといたり、ミニブックの製作・書き込みなどを通じて子どもたちの主体的な学びを生み出す資料集。食育をよりアクティブに、さらに楽しく！

食品構成表別・手作りレシピ249
おいしい学校給食

元東京都日野市立東光寺小学校学校栄養士
齋藤好江 著

日本図書館協会選定図書
立ち読み

B5判 160ページ
（オールカラー）
本体 1,600円

「おいしさは信頼」。学校給食準食品構成表で、基準値を満たしにくい食品群を中心に手作りのおいしいレシピを厳選します。

いまこそ知りたい！
食育の授業づくり

国士舘大学教授行動科学者
「食に関する指導の手引—第一次改訂版—」改訂委員会座長
北 俊夫 著

立ち読み

A5判 248ページ
本体 1,600円

学校での食育の授業づくりの基礎・基本をわかりやすく、具体的に解説します。成大学等での教科書採用をご検討の先生には見本をお送りいたします。

食育クイズ王
～あなたも食べ物博士～

「食育フォーラム」編集部編

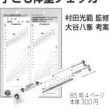

立ち読み
電子版

A5判 104ページ
本体 1,000円

月ごとに食育クイズが「教養・文化」「サイエンス」「なぞなぞ」の食育三賢人から出題されます。

なにわ発！なるほどなっとく楽しい実践！
おもしろ食育教材

大阪市栄養教職員研究会著

日本図書館協会選定図書
立ち読み
電子版

B5判 112ページ
本体 1,800円

現場の先生方が、腕によりをかけて作った食育教材の作り方・使い方が盛りだくさん。

林先生に聞く
学校給食のための
食物アレルギー対応

林 典子 著

A5判 208ページ
本体 1,600円

『月刊食育フォーラム』の好評掲載を単行本化。対話形式で学校給食における食物アレルギー対応の注意点や保護者への関わりの基本がよく分かる。

ふなばし発 手作り食育グッズ！
ハートに伝える食育教材 ～作り方から伝え方まで～

板良敷 信子／大久保 仁美 著
帝京科学大学教授 上田 玲子 監修

立ち読み

B5判 176ページ
本体 1,800円

好評連載を単行本化。アイディア教材の作り方から使い方、伝え方まで詳しく。手作りの温もり教材で伝える食育実践集。掲載型紙・紙芝居がDL可。

食べ物のふるさと
～食育クイズに挑戦しよう！～

加佐原明美 著

立ち読み
電子版

B5判 64ページ
本体 1,200円

食べ物の生産地を訪ねて、食べ物の由来や旬のおいしさ、健康効果などをクイズで楽しく学びます。

かんたん工作 すぐに使える！
子ども体重チェッカー

村田光範 監修
大谷八峯 考案

B5判 4ページ
本体 300円

成長曲線と肥満度チェッカーで育ちゆく体への関心を高めます。肥満の出やすい10歳前後の子どもの健康づくりに。副教材にも便利。

食育うんちく事典
「さかな」と「うお」の違いはなに？

大塚滋 著

日本図書館協会選定図書
立ち読み
電子版

四六判 184ページ
本体 1,400円

長寿国世界一になった理由は…。古代から現代にわたる食と健康についての文化的、科学的な知恵の"うんちく"を集めました。

食生活の知恵の宝庫
ことわざ栄養学

辻啓介 著

立ち読み
電子版

四六判 200ページ
本体 1,400円

人類の知の宝石箱のような数あることわざを通して、食品の特性や食生活の知恵を学びとることができます。

食育ときめきバッジ
～シリーズ01 黄・赤・緑の栄養の妖精～

フルセット（黄・赤・緑）本体 600円
単体（各色）本体 250円

注文書籍名 （FAX 03-3262-2615 健学社）※別途消費税が加算されます。

ふりがな：
お名前：
ご勤務先：
お届け先：〒　−　　　（自宅・勤務先）

☎　−　　−　　　FAX　−　−

申込日　　年　月　日　お支払い：自費・公費

通信欄

※書籍は冊数にかかわらず、弊社に直接注文の場合、発送1回に400円の送料を別途ご請求。4,000円（税含まず）以上は送料を弊社負担。

www.kengaku.com

株式会社 健学社 〒102-0071 東京都千代田区富士見1-5-8 大新京ビル TEL 03-3222-0557 FAX 03-3262-2615 振替 00110-1-12622

【著・イラスト】
堀井秀美（ほりい ひでみ）

　京都府木津川市生まれ。1983（昭和58）年、京都文教短期大学食物栄養科を卒業。同年4月より京都市立小学校栄養職員として、京都市立九条弘道小学校、伏見南浜小学校、向島藤の木小学校、小栗栖小学校、そして再び向島藤の木小学校と35年間勤務する。2006（平成18）年に栄養教諭免許を取得。「きゅうしょくぼうや」「キライちゃん」「おふくろぼうや」などのオリジナルキャラクターを通して、子どもたちの体と心に食育の種が育つよう力を注いできた。2017（平成29）年度で退職。翌年4月から月刊『食育フォーラム』（健学社）にて食育指導や資料を発表し、現在に至る。

【彩色】
山口香里（やまぐち かおり）

　京都府京都市生まれ。京都市立学校管理用務員。著者とは、向島藤の木小学校での同僚。「子どもたちの心に働きかける」ことについて共に悩み、語り合い、そして力を合わせてきた。その美術的センスを生かした壁面作成などは子どもたちだけでなく、同僚の教職員からも称賛を得てきた。本書では、「わくわくたべもの広場」などで色鉛筆を使った彩色を手がけた。現在は京都市立桃陽総合支援学校に勤務し、Webコンテンツを通して、子どもたちの学びのサポートにも取り組んでいる。

【協力】
埼玉県志木市学校栄養士会（栄養教諭・猪瀬里美先生ほか）
東京都新宿区立牛込第一中学校（栄養士・鈴木映子先生）

※本書は、月刊『食育フォーラム』（健学社刊）に掲載された記事「給食のまほう・子どもの心に寄り添った食教育」、(2013年7月号)、連載「切り紙で作る調理の言葉」(2016～19年)、「みんなのわくわくたべもの広場」「がんばれ！きゅうしょくぼうや」(2018年度)、「育ちを信じる、啐啄食育」(2018～19年)をもとに、内容などを大幅に見直し、加筆・修正して再構成したものです。なお、序章と終章はあらたに書き下ろしました。

※付録のCD-ROMには、Word、PowerPoint、PDFの3種類の教材・資料データを収録しています。最上位のフォルダ名は「章-節」を表し、その中に記事で紹介したデータが入っています。第3章・第4章は月ごとのデータになっています。Word、パワポのイラストはページやスライドの上に画像形式で貼り付けてあり、一部文字データはアレンジ可能です。PDFは改変できません。

編集：吉田賢一　　データ教材：髙根澤ルリ

【ご注意】
　付録CD-ROMに収録されたイラスト等は、いわゆる"フリー素材"ではありません。著作権は著者と株式会社 健学社が有します。本CD-ROMは著作権法の例外規定に基づき、学校など教育機関等での使用等を念頭に、購入された先生方等の利便性を図って提供されるものです。それ以外の二次使用はしないでください。収録データの販売、頒布、貸与、別データ等に複製、加工しての配布、インターネット等を介して第三者が容易に複製できるような形で公開することは固くお断りいたします。悪質な違反が見受けられた場合、著者と弊社は法的な対抗措置をとり、使用の差し止めと損害賠償を求めます。
　なお、地域や公共機関等で、収録された教材・資料を、地域集会等での食育・保健指導用の配布資料、また広報紙等に使用されたい場合は、事前に健学社までご連絡ください。公共の福祉に利する目的であるか、また会合等の規模やコピー配布数等により個別に使用条件や使用許可を著者と判断いたします。

【免責事項】
　付録CD-ROMについて、健学社は下記事項も免責とします。
・弊社は、本製品についていかなる保証も行いません。本製品の製造上の物理的な欠陥については、良品との交換以外の要求には応じられません。
・本製品を使用した場合に発生したいかなる障害および事故等について弊社は一切責任を負いません。
　なお、本製品の動作は以下の環境で確認しています。
・OS:Windows 7以降
・ワード (.docx)、パワーポイント (.pptx) :Microsoft Office2010以降
・PDF: Adobe Reader DC
　付録CD-ROMの入った袋を開封いたしますと、上記内容を了解、承諾したものと判断いたします。

食教育実践＆教材集
がんばれ！きゅうしょくぼうや

2019年9月30日　初版第1刷発行

著　者　堀井秀美
発行者　細井裕美
発行所　株式会社 健学社
　　　　〒102-0071 千代田区富士見1-5-8 大新京ビル
　　　　TEL (03) 3222-0557　FAX (03) 3262-2615
　　　　URL:http://www.kengaku.com
印　刷　シナノ印刷株式会社

2019 Printed in Japan
©HORII Hidemi 2019

ISBN:978-4-7797-0500-7　C3037　NDC 376　176p　257×182mm

※落丁本、乱丁本は小社にてお取り替えいたします。